Flandern
Antwerpen Brügge · Gent

Margarete Graf

DUMONT direkt

Inhalt

Welkom

Flandern im Internet 5
Willkommen 8
Flandern in Zahlen 11
Geschichte 12
Gut zu wissen 14
Feste & Unterhaltung 18
Unterwegs mit Kindern 21
Übernachten 22
Essen & Trinken 24
Kulinarisches Lexikon 26
Aktivurlaub 28
Sprachführer 32
Reise-Infos → **Notfall** 34

Zu Gast in Flandern

Orte von A-Z
Aalst 40
Antwerpen 40
Blankenberge 52
Bredene 55
Brügge 57
Damme 65
De Haan 66
De Panne 68
Dendermonde 70
Diksmuide 70
Gent 72
Ieper (Ypern) 80
Knokke-Heist 81
Koksijde 84
Kortrijk 87
Leiestreek 89

Beginenhof in Brügge

Lissewege 92
Mechelen 92
Nieuwpoort 94
Oostende 96
Oudenaarde 101
Poperinge 102
Veurne 103
Zeebrugge 104

Stadtpläne

Antwerpen 42
Brügge 58
Gent 73
Oostende 99

12 Highlights

Die Kathedrale von Antwerpen 41
Brügge 57
De Panne 68
Genter Altar 72
Die Tuchhalle in Ieper 80
Villenviertel Knokke-Het Zoute 82
Vogelschutzgebiet Het Zwin 82
Malerlandschaft Leiestreek 89
Blick von der Kirche OLV in Lissewege 92
Schlemmermeile Visserskaai in Oostende 96
Das gotische Rathaus in Oudenaarde 101
Schön und heimelig: Veurne 103

Extra-Touren

Tour 1: Autofahrt durch den Hafen von Antwerpen 108
Tour 2: Mein plattes Land … Radtour Brügge – Damme – Sluis 110
Tour 3: Mit der Straßenbahn die Küste entlang 112
Tour 4: Bachten de Kupe: Durch die Polderlandschaft Westflanderns 114
Tour 5: Hohe Türme, helle Glocken – die schönsten Belfriede Flanderns 116

Register 118
Bildnachweis/Impressum 120

24 Reisetipps Flandern

Entfernungen 15
Markttage an der Küste 16
Belgische Biere 25
Tomaat met garnalen 27
Wasserqualität 29
Sicherheit am Strand 29
Modernes Bauen in Antwerpen 45
Modestadt Antwerpen 48
Antwerpener Chinatown 49
Brot wie zuhause 56
Nackt baden in Bredene 56
Mit dem Rad durch Brügge 60
Senf von Tierenteijn 76
B&B in Gent 77
Übernachten im Studentenwohnheim in Gent 78
Zeedijk Knokke 81
Im Zeichen der fünf Herzen 84
Die Kalletaart 89
Glockenspielkonzerte in Mechelen 93
Angeln in Nieuwpoort 95
Roulette, Blackjack – aber wie? 97
Biershop in Poperinge 102
Süßes aus Veurne 103
Hafenrundfahrt Zeebrugge 105

Flandern im Internet

Surftipps

Die meisten touristischen Seiten zu Belgien sind außer in Niederländisch und Französisch auch in Englisch, viele auch in Deutsch. Fast alle Orte Flanderns präsentieren sich auch im Internet. Meistens besteht die Web-Adresse nur aus dem Ortsnamen (www.ORTSNAME.be), die E-Mail-Adresse lautet entsprechend: toerisme@ORTSNAME.be. Die Seiten der Vermieter von Ferienwohnungen sind leider häufig fehlerhaft und haken beim Surfen.

Landeskennung: .be

www.flandern.com

Offizielle Website der Tourismuswerbung Flandern mit Informationen über die verschiedenen Regionen und Kunststädte, Reisetipps, Veranstaltungshinweisen, Links zu einer Hoteldatenbank.

www.dekust.org

Portal der Badeorte an der Belgischen Küste mit Festkalender, Wetterbericht, Webcam, Routenplaner und Links zu allen Hotels, Campingplätzen und Feriendörfern. Sprache: Niederländisch.

www.belgium.fgov.be

Offizielles Portal der belgischen Regierung mit Information zu Geschichte, Kunst, Kultur, politische Gliederung, Verfassung, Gastronomie, Tourismus und vieles mehr. Sprachen: Niederländisch, Französisch, Englisch, nur einige Seiten sind auf Deutsch verfügbar.

www.Inbelgium.be

Infoseite zu allen Hotels und Restaurants in Belgien auf Niederländisch, Französisch und Englisch in Zusammenarbeit mit dem französischen Reiseführer ›Le Petit Futé‹.

www.resto.be

Datenbank mit allen Restaurants in Belgien, die man nach verschiedenen Kriterien suchen kann. Falls vorhanden, kann man die Kommentare anderer Gäste lesen (in der Regel Französisch oder Niederländisch) oder selbst eine Bewertung abgeben. Sprachen: Niederländisch, Französisch, Englisch.

www.frites.be

Die belgische Spezialität hat natürlich auch eine eigene Homepage mit Geschichten und Geschichte der Pommes frites, Cartoons und Witzen. Sprachen: Niederländisch, Französisch.

www.delijn.be

Website der Verkehrsbetriebe Belgiens. Durch Eingabe der entsprechenden Orte (z. B. Knokke-Station und Knokke het Zwin) können alle gewünschten Verkehrsverbindungen mit Bussen, Straßenbahnen, U-Bahnen innerorts bzw. zwischen Orten angezeigt werden. Sprache: Niederländisch.

www.b-rail.be

Seite der belgischen Eisenbahnen mit Fahrplaninformationen.

www.infometeo.be

Das Wetter in den Küstenorten mit Vorhersage, Informationen für Surfer und Segler, Windstärken, Höhe der Wellen, Webcam, Satellitenbildern. Niederländisch, Französisch, Englisch, Deutsch.

www.use-it.be

Tourist-Infos für junge Traveller mit guten Tipps zu Unterkunft, Kneipen und Clubs, Restaurants, Shopping und vielem mehr. Verfügbar für Brüssel, Gent, Brügge und Antwerpen.

Wel

Vom Terrassencafé am Marktplatz hat man den besten Blick: Da stehen die stattlichen barocken Giebelhäuser Schulter an Schulter, in ihrer Mitte das breit hingelagerte Rathaus, dessen Fassade mit unzähligen Fenstern, Figurennischen, Säulen und Türmchen prahlt. Der wehrhafte Belfried mit goldverzierter Spitze steht ihm wachsam zur Seite, und am anderen Ende des Platzes wächst hinter den Dächern

kom

der gotische Turm der Kathedrale empor. Bevor die Sonne untergeht, schweben plötzlich die Klänge eines Glockenspiels über den Platz und formen sich zur Melodie. Der Kellner kommt und stellt ein frisches Trappist auf den Tisch – Sommernachmittag in einer flämischen Stadt. Behaglich lehnt man sich zurück und lässt die Geschichte Revue passieren...

Willkommen

Schmale Grachten, beschauliche Stimmung: Bootsfahrt in Brügge

Metropolen des Mittelalters

Antwerpen, Brügge, Gent – die Namen dieser Städte hatten im Mittelalter einen Klang wie heute New York, Rio, Tokio. Wer sich im 14. Jh. in Brügge als Kaufmann etabliert hatte, war ein gemachter Mann. Er pflegte Beziehungen zu anderen Welthandelszentren wie Köln, Venedig, Genua und London, kaufte und verkaufte normannisches Getreide, französischen Wein und englische Wolle, Leder aus Nordafrika, Gewürze und exotische Früchte aus den Ländern rund um das Mittelmeer, Holz, Eisen, Kupfer, Felle aus Skandinavien und Deutschland. Er sprach mit Handelsherren aus aller Herren Länder, die er vielleicht im ›Haus zur Börse‹ traf, einem Treffpunkt ausländischer Kaufleute, aus dem sich im Laufe der Jahrhunderte die heute immer noch gültige Institution des Aktienmarktes entwickelte.

Sein Zeitgenosse in Gent hatte sich wahrscheinlich auf die Tuchweberei konzentriert, beschäftigte womöglich eine Werkstatt voller Weber, hochqualifizierte Handwerker, die sich nur ungern dem Regiment der Patrizier beugten und sich durch Aufstände und Rebellionen immer wieder weitere Rechte erstritten. Viel Geld war in beiden Städten im Umlauf, das sah man allerorten: Kirchen und Rathäuser wurden ohne Rücksicht auf die Kosten errichtet, Künstler von Weltrang statteten sie aus. Die Gebrüder van Eyck schufen das einzigartige Universum des Genter Altars, Hans Memling porträtierte die Brügger Bürger mit nie dagewesener Lebensnähe – und das sind nur zwei von vielen.

Weder Gent noch Brügge sind heute noch Weltstädte, selbst unter den Städten des kleinen Belgien stehen sie nicht auf den ersten Rängen. Vor allem Brügge zog sich aus dem Weltgeschehen vollkommen zurück, nachdem der Hafen, der die Stadt groß gemacht hatte, verlandete. Die Handelsschiffe suchten sich neue Häfen, die Kaufleute zogen fort, die Stadt wurde arm. Keiner baute mehr neue Kirchen und Häuser, die Stadt wuchs kaum über ihren mittelalterlichen Mauergürtel hinaus. Es gab ja keinen Grund, die schmalen Straßen zu verbreitern, alte Gebäude abzureißen und durch neue zu ersetzen. Alles blieb, wie es war.

Brügge wacht auf

Erst Jahrhunderte später entdeckten die Brügger ein neues Geschäftsfeld: den Fremdenverkehr. Jetzt strömen Deutsche, Italiener, Engländer, Amerikaner, Japaner in ihre altmodische Stadt und entdecken dort das Mittelalter: die stattlichen Kirchen, das traumhaft schöne Rathaus, den stolzen Belfried, die schmalen hohen Fassaden, die geschwungenen Gas-

Seeluft tut zu allen Jahreszeiten gut: Am Strand bei De Haan

sen. Danach kaufen sie Spitzendeckchen und Pralinen, kreuzen per Pferdekutsche, Boot oder Mietfahrrad durch die Gassen und Grachten, trinken Bier und essen Muscheln mit Fritten. Fast jedes zweite Haus ist ein Hotel, eine Pension oder ein Restaurant. Abenteuer Mittelalter mit TV, Dusche und Satellitenschüssel. Ist die Stadt zu einem Disneyland geworden? Keineswegs! Denn so viele Menschen sich auch auf dem Marktplatz drängen, sich über den Fischmarkt quetschen oder den romantischen Beginenhof, einst ein Ort der Stille und der Andacht, mit dem Klicken ihrer Kameras behelligen – der würdevollen Schönheit Brügges kann all das nichts anhaben. Davon kann sich jeder überzeugen, der spät abends oder früh morgens, an einem Wochentag im Herbst oder im Winter durch die Straßen schlendert – zu gewissen Stunden bleibt in Brügge die Zeit einfach stehen.

Das tut sie in Gent nicht. Als Binnenhafen und Zentrum des Gemüse- und Schnittblumenanbaus spielt die Stadt bis heute eine Rolle, wenn auch keine so bedeutende mehr wie einst. Sie ist ein gutes Stück über ihren mittelalterlichen Stadtkern hinausgewachsen, hat sich vor allem im beginnenden 20. Jh. eine Menge repräsentativer Bauten zugelegt, darunter einen Bahnhof, der an eine islamische Moschee erinnert, und mitten zwischen den ehrwürdigen Gildenhäusern am Freitagsmarkt ein gewaltig stolzes Haus der Arbeiterbewegung, das unmissverständlich demonstrieren sollte, wer in Wirklichkeit den ganzen Reichtum erarbeitet hat. Gent ist eine junge Stadt geblieben. Studenten radeln durch die Stadt, besuchen ihre Seminare und haben eine lebhafte Kunst- und Kneipenszene geschaffen.

Welthafen Antwerpen

Antwerpen hat zwar ebenfalls ein ehrwürdiges Alter, doch unter den Städten Flanderns ist es ein Newcomer. Als die Kaufleute das sterbende Brügge verließen, gingen sie nach Antwerpen. Die Stadt stand in Blüte, als die Neuzeit begann. Hier gründete Christophe Plantin 1549 die bedeutendste Buchdruckerei der Niederlande, hier schuf Rubens seine farbensprühenden Gemälde, hier feierten Renaissance und Barock Triumphe. Antwerpen überdauerte Kriege und Besatzungen, es hielt seine Stellung als Welthafen bis heute. Es ist die lebendigste, die ungebärdigste und die widersprüchlichste Stadt von allen: weltoffen und international, mit der größten jüdischen Gemeinde Europas, dann wieder engherzig und provinziell: Der nationalistische *Vlaams Belang* hat hier seine Hochburg.

Besuchern hat Antwerpen so viel zu bieten wie sonst keine Stadt: eine der schönsten gotischen Kathedralen der Welt, ein prächtiges Rathaus, Museen ersten Ranges, den weiten Himmel über der Schelde, winkelige Gässchen und breite Boulevards, kleine Traditionskneipen und Sterne-Restaurants, flämische Karbonaden und Spezialitäten aus aller Welt, avantgardistische Mode und funkelnde Diamanten.

Flämische Städtchen

Flandern ist kein großes Land, die drei einstigen Metropolen liegen nicht weit voneinander entfernt. Von Antwerpen nach Brügge sind es keine 120 km, nach Gent nicht einmal 60. Und doch liegt dazwischen etwa ein Dutzend weiterer Städte und Städtchen, die im Lauf der Geschichte ebenfalls eine bedeutende Rolle gespielt haben, die als Tuchmacherstädte zu Ruhm und Wohlstand gekommen sind. Sicher, sie waren nicht so unermesslich reich wie Brügge oder Gent, aber doch so gut gestellt, dass sie sich etwas leisten konnten: Oudenaarde zum Beispiel, die Stadt, in der die herrlichen Wandteppiche gewebt wurden, konnte sich ein Rathaus bauen, das dem von Brügge kaum nachsteht, Ieper eine gigantische Tuchhalle, in deren Hof die Handelsschiffe, die die Ijzer heraufkamen, direkt hineinfahren konnten, Kortrijk schuf sich eine stattliche Befestigungsanlage.

All das spielt sich ab auf einer Fläche von nur etwa 6000 km². Da bleibt für Landschaft nicht mehr viel übrig, könnte man meinen. In der Tat ist Flandern eine der am dichtesten bevölkerten Regionen Europas. Kein Raum für ungeplantes Wachstum, wilde Natur. Flandern ist eine Kulturlandschaft im vielfachen Wortsinn: Alles, was man hier sieht, ist von Menschenhand geformt. Selbst das Land mussten die Flamen, in einem breiten Streifen entlang der Küste, erst dem Meer abringen, mit Hilfe eines raffinierten Systems von Gräben, Kanälen und Windmühlen entwässern, trockenlegen und kultivieren, bis sie blitzsaubere weißgetünchte Bauernhäuschen draufstellen konnten. Ohne die Schleuse von Nieuwpoort würde es hier binnen kurzem wieder so aussehen wie vor 2000 Jahren: Sumpf, Morast, Matsch. So aber breitet sich hier eine Kulturlandschaft aus, die so aufgeräumt und ordentlich aussieht, dass man sie für ein Spielzeugland halten könnte, wären nicht überall auch die Zeichen der modernen Industrie zu entdecken, führte nicht ein dichtes Netz von Straßen und Autobahnen – nachts beleuchtet! – durch die grüne Landschaft.

Weil es einst also Meeresboden war, ist Westflandern flach wie eine Hand. Erst in Ostflandern erheben sich ein paar Wellen, Buckel und Hügel, die in der Gegend um Oudenaarde die stolze Höhe von 150 m erreichen, ein ›Gebirge‹, das den Namen ›Flämische Ardennen‹ verliehen bekam.

Die Küste

Eine Kulturlandschaft ist natürlich auch die Küste, wo die kleinen Fleckchen unbebauter Natur sorgfältig behütet werden. In keinem Land wird die Länge der Küstenlinie so häufig erwähnt wie hier: 67 Kilometer, jawohl, und keinen Meter weniger. Das ist zwar nicht gerade viel, aber die Belgier haben es verstanden, etwas daraus zu machen. Dreizehn Badeorte reihen sich hier aneinander: elegante wie Knokke, lebhafte wie Blankenberge oder De Panne, gemütliche wie Wenduine oder De Haan, und mitten drin, als leicht verwitterte Königin, Oostende.

Einen Schönheitspreis hat, außer vielleicht Knokke und De Haan, keiner dieser Orte verdient. Die *seafront,* wie die

Engländer sagen, die gern und in großer Zahl nach Belgien kommen, macht ihrem martialischen Namen alle Ehre: Gleich hinter dem Strand steht ein Apartmenthaus neben dem anderen, ohne eine Spur von Eleganz oder Stilgefühl. Da und dort ist eine der verspielten alten Villen aus dem Beginn des 20. Jh. übrig geblieben, eingequetscht zwischen zwei Blöcke aus Beton, Glas und Aluminium. Ganz böse Zungen sprechen vom modernen ›Atlantikwall‹, und ganz unrecht mag man ihnen nicht geben.

Trotzdem empfiehlt sich ein Urlaub an der Küste. Das bunte Leben der Badeorte mit ihren Terrassencafés, Restaurants, Casinos, Souvenirläden, Fahrradverleihstationen und dem ganzen Getümmel hat durchaus seinen Reiz, und für Kinder ist es ein Paradies. Einsame Strandspaziergänge sind ebenso möglich wie ausgedehnte Wanderungen durch die einzigartige Dünenlandschaft, und der Sand ist so wunderbar fein und weich, dass man sich am liebsten darin vergraben lassen möchte.

Doch so beschaulich muss es nicht immer zugehen: Rad fahren, Rollerskaten, Schwimmen, Segeln, Strandsegeln, Reiten, Angeln, Ball spielen oder Frisbees durch die Luft schleudern: Wer nur will, kann seine Tage hier von morgens bis abends mit Aktivität füllen, sich windgerötete Backen, braun gebrannte Arme und Beine, nebelfeuchte Haare oder nasse Füße holen. Dazu gibt es gratis gute Laune und einen Bärenhunger – auf süß duftende Waffeln, knusprige Fritten, zarte Garnelen, Muscheln in Weinsud, Seezunge Oostende oder Kaninchen in Bier.

Flandern ist ein Land für Leib und Seele. Augenschmaus und Tafelfreuden gehen hier Hand in Hand. Ob im Schatten von Belfried und Kathedrale oder am Fuß einer Düne, ob am Ufer eines Kanals oder auf der Terrasse eines Cafés: Hier kann man das Leben mit allen Sinnen spüren.

Flandern in Zahlen

Lage: Die Region Flandern umfasst den nördlichen und westlichen Teil Belgiens und besteht aus den Provinzen Limburg (Hauptstadt Hasselt), Flämisch-Brabant (Brüssel), Antwerpen (Antwerpen), Ostflandern (Gent) und Westflandern (Brügge).

Das Reisegebiet: Während Westflandern weitgehend flach ist, mit der höchsten Erhebung von 156 m ganz im Südwesten (Kemmelberg), zeigt Ostflandern ein eher welliges Profil, im Süden hat es Teil an den Flämischen Ardennen, einem Hügelland mit Höhen um 150 m. Ijzer, Schelde, Dender und Leie sind die bedeutendsten Flüsse, darüber hinaus ist das Land von vielen Kanälen durchzogen, auf denen z. T. lebhafter Schiffsverkehr herrscht.

Fläche: Flandern gesamt umfasst 13 512 km², das ist gut die Hälfte der Fläche Belgiens. Die Provinz Antwerpen umfasst 2867 km², Ostflandern 2981 km², Westflandern 3134 km².

Bevölkerung: Flandern gesamt 6,1 Mio. (434 Ew./km²), Provinz Antwerpen 1, 7 Mio., Ostflandern 1,38 Mio., Westflandern 1,14 Mio. Einwohner.

Geschichte

Detail eines Gründerzeit-Palastes in Antwerpen

57 v. Chr.	Caesar unterwirft die keltischen Stämme der Belger, das Land- wird römisch.
7. Jh.	Unter der Herrschaft der Merowinger wird das Land christianisiert, das erste Bistum wird in Tongeren (Limburg) gegründet.
9. Jh.	Nach dem Tod Karls des Großen wird Flandern, das Land westlich von Maas und Schelde, zum Westfränkischen Reich geschlagen.
11. Jh.	Die Herstellung von hochwertigem Tuch und der Handel damit verhelfen Flandern zur wirtschaftlichen Blüte.
1127	Karl der Gute, Graf von Flandern, wird in der Kathedrale von Brügge ermordet.
1302	In der »Schlacht der goldenen Sporen« bei Kortrijk unterliegt erstmals ein hochgerüstetes französisches Ritterheer einer Fußtruppe von flämischen Handwerkern und Kaufleuten.
1384	Flandern fällt an die Herzöge von Burgund, deren prächtige Hofhaltung die Produktion von Luxusgütern – Tuchmacherei, Teppichweberei und Spitzenklöppelei – befördert. Die flämische Malerei erlebt eine erste Blütezeit.
1479	Nach dem Tod des letzten Burgunderherzogs geht Flandern an die Habsburger über.
15. Jh.	Der Meeresarm Zwin, an dem sich der weltberühmte Hafen von Brügge entwickelt hatte, versandet mehr und mehr. Auch die Vorhäfen Damme und Sluis sitzen bald auf dem Trockenen. Der Niedergang Brügges beginnt, Antwerpen löst die Stadt als Welthandelszentrum ab.

1566	Die Bilderstürmer plündern die Kirchen, fast aus allen Gotteshäusern verschwinden die gotischen Ausstattungsstücke und Kirchenschätze. Erst die Barockzeit kann die Kirchen wieder mit Kanzeln, Altarbildern und Taufbecken schmücken.
1568–1648	Unabhängigkeitskampf der Niederlande gegen Spanien. Die Nördlichen Niederlande erringen ihre Freiheit, die Südlichen Niederlande – das heutige Belgien – bleiben unter der Herrschaft der Spanier. Die Niederländer sperren die Scheldemündung, Antwerpens Seehandel erlischt.
1713	Mit dem Ende des Spanischen Erbfolgekrieges geht Flandern an Österreich über.
1794	Napoleon erobert Flandern und trennt einen Teil für Frankreich ab (Französisch-Flandern). Er hebt die Sperrung der Schelde auf und sorgt für den großzügigen Ausbau des Antwerpener Hafens.
1815–1830	Nach Napoleons Sturz schlägt der Wiener Kongress die Südlichen Niederlande (Belgien) zum Königreich der Niederlande.
1830	Mit der (nahezu unblutigen) Belgischen Revolution wird Belgien endlich ein unabhängiger Staat. Die Landessprache ist Französisch.
1840	Die flämische Bewegung kämpft für die Anerkennung des Niederländischen als gleichberechtigte Landessprache.
1914–1918	Im Ersten Weltkrieg wird Belgien von deutschen Truppen überrannt, der Vormarsch kommt erst an der Ijzer zum Stillstand. Ein Stellungskrieg kostet zehntausende Soldaten das Leben, viele Städte in Westflandern werden zerstört.
1939–1945	Zweiter Weltkrieg. Erneut wird Belgien von deutschen Truppen besetzt.
1970–1993	Belgien wird durch eine Reihe von Verfassungsänderungen in einen föderalen Staat umgewandelt.
1993	Tod König Baudouins, sein Bruder Albert wird sein Nachfolger.
2007	In belgischen Restaurants darf nicht mehr geraucht werden.
2008	Erst nach monatelangen Verhandlungen können sich die belgischen Parteien auf eine neue Regierung einigen.

Gut zu wissen

Nationalgetränk mit über 400 Sorten: das belgische Bier

Auto fahren

Es ist den Belgiern noch nicht gelungen, ihren schlechten Ruf als Autofahrer abzulegen. Längst ist auch in Belgien der amtliche Führerschein Pflicht, und die Verkehrsregeln entsprechen in den Grundzügen denen in Deutschland. Zu beachten ist, dass es weniger ausgewiesene Vorfahrtsstraßen gibt als in Deutschland, an Kreuzungen also häufiger die Regel ›rechts vor links‹ anzuwenden ist. Auf Zebrastreifen haben auch hier Fußgänger den Vorrang, auch wenn sich nur wenige belgische Autofahrer daran zu halten scheinen.

Cafés

In den flämischen Cafés bekommt man zwar auch einen Kaffee oder Tee, doch eigentlich entsprechen sie den deutschen Kneipen, in denen man sich auf ein Glas trifft oder auch mal in Ruhe Zeitung lesen kann. Man zapft dort mehrere Sorten Bier, serviert belegte Brote, Suppen, Omeletts und häufig auch ein Tagesgericht *(dagschotel)*. *Eetcafés* haben eine umfangreichere Speisekarte, *bruin cafés* oder *estaminets* nennt man die traditionsreichen holzgetäfelten Lokale.

Essenszeiten

Von 12–14.30 sowie ab 18–19 Uhr ist man in allen Restaurants zu einer Hauptmahlzeit willkommen. Je größer die Stadt, desto länger kann man am Abend noch mit Service rechnen, um 22 Uhr zum Essen zu kommen ist dort keine Seltenheit. In den Cafés bekommt man dagegen den ganzen Tag kleine Snacks, Suppen, Sandwiches (riesige aufgeschnittene Baguettes mit Wurst, Käse oder Salat) oder eine Portion Pommes. Ebenfalls zu empfehlen sind die Frittenbuden *(Frietkots)*, die es in allen Orten an strategisch wichtigen Kreuzungen gibt: Zu den Kartoffelstäbchen kann man unter einer Menge an Fleisch-, Hackfleisch- oder Fischspießchen sowie mehreren Soßen wählen.

Flandern

Als Flandern bezeichnet man zum einen die beiden belgischen Provinzen Oost-Vlaanderen mit der Hauptstadt Gent und West-Vlaanderen mit der Hauptstadt Brügge, zum andern aber auch den gesamten nördlichen und westlichen Teil des Staates Belgien, in dem Niederländisch gesprochen wird, und der auch die Provinzen Limburg (Hauptstadt Hasselt), Antwerpen (Antwerpen) und Vlaams-Brabant (Leuven) umfasst.

Flohmärkte

Die Belgier sind große Liebhaber von Flohmärkten. Fast in jeder größeren Stadt ist ein Tag pro Woche dafür vorgesehen, in kleineren Orten werden sie zumindest saisonal abgehalten *(Rommelmarkt/Brocante)*. Der Bummel über einen Markt lohnt sich, hübsche Kuriositäten findet man überall. Handeln und Feilschen ist üblich, aber man sollte sich auf das Spiel nur einlassen, wenn man auch die Absicht hat, etwas zu erstehen.

Hunde

Hunde müssen am Strand stets an der Leine geführt werden. Vollkommen verboten sind Hunde (aus naheliegenden Gründen) meist während der Badesaison, in vielen Orten sind sie allerdings an etwas abseits gelegenen Strandabschnitten zumindest abends zugelassen. Näheres erfährt man bei der jeweiligen Touristeninfo. Andererseits finden Hundebesitzer überall in den Städten und an der Küste, nicht nur in Strandnähe, ›Hundetoiletten‹ *(hondenhoekje)*, wo ihre Lieblinge ihr Geschäft verrichten können.

Karten

Alle Fremdenverkehrsämter geben kostenlose Prospekte heraus, in denen sich meist auch ein detaillierter Orts- bzw. Stadtplan befindet. Karten für Rad- oder Wanderrouten kann man dort für wenig Geld kaufen, allerdings bekommt man dann meistens nur einen sehr kleinen Ausschnitt, in den die Route eingezeichnet ist. Für den besseren Überblick empfehlen sich die Straßenkarten von Michelin (1:200 000) oder von Geokart (1:100 000). In gut sortierten Buchhandlungen (z. B. in Knokke, Standard Boek, Lippenslaan) bekommt man einen sehr genauen Straßenatlas der Provinz Westflandern (auch für andere Provinzen erhältlich) im Maßstab 1:26 000 mit Plänen sämtlicher größerer Orte und Städte (Stratenatlas Provincie West-Vlaanderen, Standaard Uitgeverij).

Entfernungen

Aachen – Antwerpen: 130 km
Aachen – Brüssel: 120 km
Brüssel – Gent: 50 km
Gent – Brügge: 45 km
Brügge – Oostende: 30 km
Brügge – Blankenberge: 15 km
Brügge – Kortrijk: 45 km
De Panne – Knokke: 80 km
Brügge – Ieper: 60 km

Mitbringsel

Spitzen und Pralinen stehen auf der Hit liste der Souvenirs ganz oben. Pralinen sind, wenn man sie in einer guten Confiserie kauft, in der Regel ganz frisch aus Butter und Sahne zubereitet und müssen daher kühl aufbewahrt und schnell verzehrt werden (was nicht schwer fällt). Auch andere Spezialitäten locken zum Kauf: Berühmt sind die belgischen Biere, die man in unterschiedlichen, manchmal recht originellen Flaschen bekommt. Auch die entsprechenden Gläser werden für jede Sorte und Marke anders gestaltet.

Nacktbaden

Nackbaden ist an den familiär geprägten Stränden der belgischen Küste nicht üblich. Nur in Bredene gibt es einen ausgewiesenen FKK-Strandabschnitt.

Parken

Parken ist praktisch nirgends kostenlos. In allen Städten stehen in den Parkzonen, zumindest in den Zentren, *Parkeerautomaten*. Man bezahlt je nach vorgesehener Parkdauer und bekommt einen Beleg, der gut sichtbar hinter der Windschutzscheibe abgelegt werden muss. In Brügge, Antwerpen und Gent

Markttage an der Küste

Öffnungszeiten der Märkte in der Regel 8–13 Uhr

Montag: Blankenberge, De Haan, Westende
Dienstag: Bredene, Heist
Mittwoch: De Haan, Knokke, Lombardsijde
Donnerstag: Middelkerke, Oostende, Wenduine
Freitag: Blankenberge, Koksijde Nieuwpoort, Oostduinkerke, Zeebrugge
Samstag: De Panne, Knokke, Middelkerke, Oostende
Sonntag: Oostende (Blumenmarkt)

empfiehlt es sich, den Wagen für die gesamte Dauer des Aufenthalts in einem Parkhaus abzustellen.

Reisekasse und Preise

Das Preisniveau in Flandern entspricht in etwa dem in Deutschland, was Lebensmittel (im Supermarkt) und Kleidung betrifft. Benzin kostet genau soviel wie in Deutschland. Essengehen kann an der Küste und an touristischen Hotspots wie dem Marktplatz in Brügge dagegen ausgesprochen kostspielig werden, wobei Snacks wie Kroketten oder Pasta oft verhältnismäßig teurer sind als ein Menü der gehobenen Preisklasse. Einige Beispiele: Tasse Kaffee 2–3 €, Glas Bier 1,80–2,70 €, kleine Portion Fritten 2 €, Portion Muscheln18–22 €, Liegestuhl mit Sonnenschirm pro Woche 50–100 €.

Rauchen

Rauchen ist verboten in öffentlichen Gebäuden wie Bahnhöfen oder Postämtern. In Restaurants und Cafés wird häufig eine spezielle Raucherzone ausgewiesen.

Reisezeit

Sowohl die Kunststädte wie auch die Küste haben fast immer Saison, wobei die Zeit der belgischen Sommerferien (Juli/August) naturgemäß am lebhaftesten ist. Wer Ende September oder im November an die Küste reist, steht allerdings oft vor verschlossenen Türen, da die Hoteliers, Restaurantbesitzer oder Fahrradverleiher die Zeit zwischen Spätsommer und den Herbstferien im Oktober als kleine Atempause nutzen.

Restaurantrechnung

Üblicherweise bekommt man nach dem Essen eine gemeinsame Rechnung für die ganze Tischgesellschaft. Die Bedienung ist meist nicht darauf eingerichtet, dass alle getrennt zahlen wollen wie in Deutschland – das wirkt auf die Flamen kleinlich und befremdlich.

Sicherheit

Wie in allen Urlaubsgegenden gilt: Keine Wertgegenstände sichtbar im Auto liegen lassen, Geld, Schmuck und Kamera nicht zum Baden mitnehmen, sondern im Hotel (am besten im Safe) lassen, beim Stadtbummel oder auf Märkten nicht sorglos mit Portemonnaie oder Handtasche hantieren.

Sonnenschutz

An der Küste ist die Luft zwar reiner und gesünder, die Sonneneinstrahlung aber um einiges gefährlicher. Durch die Reflexion des Wassers verstärkt sich dieser Effekt noch. Vor allem Kinder sind gefährdet. Daher: regelmäßig eincremen (mindestens Lichtschutzfaktor 20), nicht ohne Kopfbedeckung in der Sonne sitzen.

Sprache

In Ost- und Westflandern sowie in der Provinz Antwerpen wird Flämisch gesprochen, was, mit einigen Abweichungen, dem Niederländischen entspricht (nur besonders nationalbewusste Flamen nennen ihre Sprache *Vlaams*). Die meisten Menschen sprechen auch Französisch (Wallonisch) und dazu noch Deutsch oder Englisch. Es wird allerdings oft als unhöflich empfunden, wenn man im Restaurant oder auf der Straße gleich auf Deutsch loslegt; freundlicher ist es, zumindest durch eine Frage wie ›Sprechen Sie Deutsch oder Englisch?‹ *(Spreekt U Duits / Engels?)* zu signalisieren, dass man es nicht als selbstverständlich ansieht, dass der Gesprächspartner sich auf eine Fremdsprache einzustellen hat.

Städtenamen/Straßenschilder

Dass Belgien ein zwei- (eigentlich sogar drei-) sprachiges Land ist, schlägt sich sogar in den Hinweisschildern auf der Autobahn nieder. Die Ortsnamen werden nämlich, je nach Standort des Schildes, entweder in ihrer flämischen oder ihrer französischen Fassung angegeben, und diese Fassungen weichen zum Teil erheblich voneinander ab. Wer von Antwerpen, Brügge oder Gent kommend ins Rheinland möchte und versucht, sich dabei an der Richtung Lüttich zu orientieren, muss abwechselnd den Schildern nach ›Luik‹ oder ›Liège‹ folgen. Auch deutsche Städtenamen werden teilweise nur in der französichen oder niederländischen Fassung angezeigt.

Aachen – Aken – Aix-la-Chapelle
Aalst– Alost
Antwerpen – Anvers
Brugge – Bruges
Brussel – Bruxelles
De Haan – Le Coq
Dendermonde – Termonde
Gent – Gand
Ieper – Ypres (Ypern)
Köln – Keulen
Kortrijk – Courtrai
Leuven – Louvain (Löwen)
Liège – Luik (Lüttich)
Lille – Rijsel
Mechelen – Malines
Mons – Bergen
Namur – Namen
Oudenaarde – Audenarde
Ronse – Renaix
Soignies – Zinnik
Tongeren – Tongres
Tournai – Doornik
Veurne – Furnes

Trinkgeld

Im Rechnungsbetrag ist das Bedienungsgeld jeweils enthalten, für guten Service bedankt man sich dennoch mit einem Extra-Obolus, indem man den Rechnungsbetrag um ca. 5 % aufrundet. Das Geld wird nach dem Bezahlen auf dem Tisch zurückgelassen. Auch wer mit Kreditkarte zahlt, sollte das Trinkgeld in bar geben, dann erhält es die Bedienung sofort und unmittelbar. (In diesem Fall auf dem Kreditkartenformular die Rechnungssumme noch einmal in das untere Feld eintragen.)

Zeedijk

Fast alle Küstenorte haben diese breite Promenade zwischen Strand und Häusern, auf der gebummelt, geradelt, gespielt und Kaffee getrunken wird.

Zeitungen

Während der Reisesaison sind in Zeitschriftenläden deutsche überregionale Tages- und Wochenzeitungen zu erhalten, außerhalb der Saison reduziert sich das Angebot meist auf ›Welt‹, ›FAZ‹, ›Bild‹, ›Express‹ und ›Zeit‹.

Feste & Unterhaltung

Rubensmarkt in Antwerpen

Feiertage

1. Januar: Neujahr *(Nieuwjaarsdag)*
Ostermontag – *2e paasdag*
1. Mai: *Dag van de Arbeid*
Christi Himmelfahrt – *Hemelvaartsdag*
Pfingstmontag – *2e Pinksterdag*
11. Juli: Feiertag der flämischen Sprachgemeinschaft
21. Juli: Unabhängigkeitstag *(Onafhankelijksdag)*
15. August: Mariä Himmelfahrt *(Maria Hemelvaart)*
1. November: Allerheiligen
11. November: Waffenstillstandstag *(Wapenstilstandsdag)*
25. und 26. Dezember: Weihnachten *(1e en 2e Kerstdag)*

Feste & Festivals

Februar & März

Karneval: In Flandern wird die närrische Zeit in einigen Orten nicht nur bis zum Aschermittwoch, sondern bis ›Mittfasten‹, also bis zur Hälfte der Fastenzeit gefeiert. Hochburgen sind Oostende, Antwerpen, Aalst und Torhout, wo große Karnevalsumzüge stattfinden und die Straßen mit Luftballons, Masken und Figuren geschmückt werden. Berühmt ist besonders der exklusive ›Bal du rat mort‹ (Ball der toten Ratte) in Ostende, der jedes Jahr unter einem anderen Motto steht, und der ›Aalster Zwiebelwurf‹.

April

Meifoor Brugge: Mitte April–Mitte Mai, Brügge, Kirmes am Zand und im Albertpark.
Gentse Floralien: Ende April in Gent, Gartenschau im Expo-Gebäude mit Blumen aus aller Welt, alle fünf Jahre, nächstes Mal 2010.

Mai

Rubensmarkt: Mitte Mai in Antwerpen, Trödelmarkt mit historischen Kostümen.
Hanswijk-Prozession: Am Sonntag vor Himmelfahrt, Umzug mit einer hoch verehrten Marienstatue in Mechelen mit prächtigen Kostümen.
Heilig-Blut-Prozession: Der größte, bedeutendste und am kostbarsten ausgestattete Umgang Flanderns: Zu Himmelfahrt wird eine in eine kostbare Monstranz gefasste Ampulle durch Brügge getragen, die einen Tropfen vom Blut Christi bergen soll, begleitet von kirchlichen und weltlichen Würdenträgern unter seidenen Baldachinen, religiösen Bruderschaften in prächtigen Roben und Musikkapellen. Sogar ein mobiles Glockenspiel ist dabei.

Katzenfest: Mitte Mai werden in Ieper (Ypern) nach altem Brauch Katzen vom Belfried geworfen, um die bösen Geister auszutreiben. Längst schon sind es natürlich keine lebendigen Katzen mehr, sondern niedliche Plüschfiguren. Dazu wird ein Umzug mit großen Katzenfiguren abgehalten.

Festival van Vlaanderen: Das renommierte Festival von Flandern umfasst etwa 120 klassische Konzerte, die an unterschiedlichen Veranstaltungsorten im verschiedenen flämischen Städten aufgeführt werden. Das Programm ist bei der Tourismuszentrale Flandern (s. S. 34) oder unter www.festival-vanvlaanderen.be erhältlich.

Juni

Seeweihe: Anfang Juni in Wenduine bei De Haan.

Schiffsparade: Anfang Juni in Oostende.

Cartoonfestival: Ausstellung von Arbeiten belgischer und ausländischer Zeichner in Knokke.

Adriaan-Brouwer-Fest: Am letzten Juni-Wochenende in Oudenaarde, buntes Volksfest.

Großes Krabbenfest: Ende Juni werden in Oostduinkerke u. a. die schnellsten Krabbenpuler ermittelt und Krabben- und Fischspezialitäten angeboten, außerdem gibt es auch einen festlichen Umzug.

Juli

Axion Beach Rock: 1. oder 2. Wochenende, Rockfestival am Strand in Ostende (www.axionbeachrock.be).

Cactusfestival: 2. Wochenende in Brügge, Festival der World Music, aber auch Rock, Rap, Reggae und R&B am Minnewater (www.cactusfestival. be).

Gentse Feesten: Ab der 3. Woche zehntägiges Festival mit Theater, Tanz, Straßentheater, Puppenspielern, Gauklern, Feuerwerk etc. in Gent (www.gentsefeesten.be).

Zomer van Antwerpen: Juli, August, Sommerfestival in Antwerpen mit Zirkus, Musik, Tanz, Theater und anderen Veranstaltungen am Scheldeufer (www.zomervanantwerpen.be).

Bußprozession: Am letzten Sonntag ziehen an die 300 Büßer in braunen Kutten, mit schweren Kreuzen auf den Schultern, durch Veurne, eine Tradition, die auf die Zeit der spanischen Besatzung zurückgeht (www.boeteprocessie.be).

Sfinks: Letztes Wochenende in Boechout (Antwerpen), Worldmusic-Festival mit Weltkulturenmarkt, Kinderdorf, Tanzworkshops uvm (www.sfinks.be).

Musica Antica: Letzte Juli- und erste Augustwoche in Brügge, Festival mittelalterlicher Musik in Kirchen, Kapellen u. ä. (www.musica-antiqua.com).

Belgische Riesen

Zu einem echten flämischen Volksfest gehört mindestens ein Riese. An die drei Meter hoch, die tragende Konstruktion samt Träger unter wallenden Gewändern verborgen, begleitet er würdigen Schritts den traditionellen Umzug. Schon seit Karl dem Großen sind diese Riesen bekannt, die immer dann auftreten, wenn die Bürger etwas zu feiern haben. Obwohl sie Röcke tragen, handelt es sich meist um männliche Exemplare, nur in Ieper gehen überdimensionierte Katzen auf die Straße. Das Tragen einer solchen Riesenfigur ist eine Kunst für sich und verlangt viel Erfahrung, Kondition und Disziplin.

Sandskulpturenfestival: Etwa acht Wochen lang können an verschiedenen Küstenorten, vor allem in Blankenberge und Zeebrugge, kunstvolle Skulpturen aus Sand besichtigt werden, die von vielen geschickten Händen erbaut werden (www.sculpta.be).

August

Theater aan Zee: Erste Augustwoche in Oostende, Theaterfestival mit experimentellen und konventionellen Inszenierungen an verschiedenen Veranstaltungsorten (www.theateranzee.be).

Trammelant-Fest: Anfang August steht De Haan ganz im Zeichen der Belle-Epoque, der belgischen Gründerzeit: Lange Rüschenkleider, Sonnenschirmchen, Gehröcke und steife Hüte bestimmen das Straßenbild.

Feuerwerkfestival: Mitte August wird in Knokke jeden Abend ein anderes Feuerwerk gezündet, Feuerwerkskünstler aus aller Welt zeigen, was sie können.

Paterholfesten: An einem Wochenende Mitte August in Gent, Live Musik, Getränke und gute Stimmung in dem romantischen Altstadtviertel.

Dahliade: In der 2. Augusthälfte in Bredene, große Blumenschau mit tausenden von Dahlien in allen Formen und Farben.

St. Bernardusfest: Am 3. Wochenende Stadtfest mit großem Umzug in Nieuwpoort, bei dem eine Riesenfigur durch die Straßen getragen wird.

Blumenkorso: Letztes Wochenende in Blankenberge, üppig mit zehntausenden bunter Blumen geschmückte Wagen ziehen durch die Stadt.

Grachtenfest: An den letzten 10 Augusttagen werden in Brügge die Grachten illuminiert, Schauspieler, Sänger, Tänzer und Musikanten stellen an vielen Stellen der Stadt Szenen dar, die eine Zeitreise vom Mittelalter bis zum Barock erlauben. Alle 3 Jahre, nächstes Mal 2010, 2013.

Praalstoet van de Gouden Boom: Das ›Fest des Goldenen Baums‹, ein Umzug in historischen Kostümen in Erinnerung an das prachtvolle Hochzeitsfest für Herzog Karl den Kühnen und Margarete von York im Jahr 1468, findet alle 5 Jahre in Brügge statt, nächstes Mal am letzten Augustwochenende 2012.

September

Openmonumentendag: In ganz Belgien ist am 2. Wochenende der ›Tag des offenen Monuments‹, bei dem viele sonst geschlossene Gebäude besichtigt werden können (www.openmonumenten.be).

Strandseglerrennen: Am 2. Wochenende flitzen schnelle Fahrzeuge über den breiten Strand von De Panne.

Krabbenfest: Mitte des Monats findet in Oostende ein großer Krabbenpuhlwettbewerb statt.

Hopfenfest: Am 3. Wochenende feiert Poperinge alle drei Jahre (nächstes Mal 2011) seine berühmte Bierwürze, in den Jahren dazwischen gibt es ein Bierfest.

Oktober

Flanders International Film Festival: Die ersten beiden Oktoberwochen in Gent, renommiertes Festival mit internationalen Filmen und Kurzfilmen (www.filmfestival.be).

November

Sechs-Tage-Rennen: Am 3. Novemberwoche in Gent, traditionsreiches Radrennen (seit 1922) in der Arena ›'t Kuipke‹, mit Einzel-, Mannschafts- und Zeitfahren sowie Rahmenprogramm.

Unterwegs mit Kindern

Unterkünfte

Zeltplätze, Bungalowparks und Ferienwohnungen sind für Familien mit Kindern sicher die angenehmste und preiswerteste Art, einen Urlaub zu verbringen. An der Küste sind auch viele Hotels auf Familien eingerichtet, indem sie Drei- und Vierbettzimmer anbieten. Generell ist man in Flandern kinderfreundlich, ohne viel Aufhebens davon zu machen – wird für ein Kind ein zusätzliches Bett gebraucht, kann es meist ohne Probleme organisiert werden.

Restaurants

Fritten, Pfannkuchen, Waffeln, Spagetti – was in den Tavernen serviert wird, kommt kindlichen Vorlieben meist ohnehin entgegen. Kindermenüs, Kinderstühle, Buntstifte und Malbücher sind darüber hinaus in den meisten Lokalen eine Selbstverständlichkeit.

Strand

Die belgische Küste ist für Kinder ideal. Die breiten Sandstrände sind völlig ungefährlich und senken sich nur sanft ins Wasser ab, Rettungsposten achten besonders darauf, dass Kinder nicht zu weit hinausschwimmen. Stangen mit bunten Figuren darauf erleichtern Kindern die Orientierung, und in vielen Orten kann man für die Kinder zusätzlich Armbänder mit demselben Motiv besorgen, das in der Nähe des elterlichen Sonnenschirms steht, sodass Kinder, die sich verlaufen haben, leicht zurückgebracht werden können. Kinder sollten immer besonders gut eingecremt werden, da die Sonneneinstrahlung am Meer besonders groß ist und der häufige Wind die Gefahr leicht verkennen lässt.

Aktivitäten

Schon der Zeedijk bietet jede Menge Verlockungen: Hier kann man mit Fahrrädern, Skateboards, Inlinern oder kuriosen Tretfahrzeugen herumkurven. Fahrrad fahren macht nicht nur im Dünengürtel Spaß, sondern auch an den Ufern von Leie und Dender, zumal man dort an einigen Stellen mit einer Fähre übersetzen kann. Viel zum Schauen und Staunen gibt es bei den Ortsfesten und Umzügen, die im Sommer fast an jedem Wochenende an irgend einem Ort stattfinden. Bei der Schlumpf-Parade in Koksijde dürfen sogar alle Kinder mitmachen, die als Schlumpf verkleidet sind: weiße Hose und blaues T-Shirt genügen.

Ausflugsziele

Plopsaland: Freizeitpark mit Märchenfiguren, Fahrgeschäften und vielen Möglichkeiten, sich auszutoben (s. S. 69).

Museum für Schlüssel und Schloss: Wie funktioniert eigentlich ein Schloss und wozu braucht ein Schlüssel einen Bart? In diesem Museum in Nieuwpoort erfährt man es (s. S. 95).

Dreimaster Mercator: Auf dem Schulschiff der belgischen Marine in Oostende kann man nicht nur Schlafkojen, Messe und Kombüse besichtigen, sondern auch den Operationssaal für Notfälle (s. S. 97).

Sea Life Centre: Das größte Aquarium Belgiens in Blankenberge hat einen Unterwassertunnel, in dem man mit Haien und Stachelrochen fast auf Tuchfühlung gehen kann (s. S. 53).

Naturschutzgebiet Het Zwin: Hunderte von Vögeln sind dort aus der Nähe zu beobachten. Großes Interesse erregen die Störche, die aufgeregt mit den Schnäbeln klappern (s. S. 82).

Übernachten

In Brügge ist fast jedes Haus ein Hotel oder ein Restaurant

Zimmersuche

In Flandern ist es überhaupt kein Problem, eine Unterkunft zu finden. Ob in der Stadt oder auf dem Land – überall werden Zimmer aller Preisklassen angeboten.

Für ein einfaches Doppelzimmer rechnet man an der Küste um 40 €, in Brügge oder Antwerpen mindestens 50 €, in der Hauptsaison (Ostern, Sommerferien) mindestens 50 % mehr. Ab 120 € pro Doppelzimmer darf man gehobenen Standard erwarten. Ein Frühstücksbüffet ist oft, aber nicht immer im Preis enthalten.

Für Flandern insgesamt, aber auch für alle Orte speziell, verschickt das Tourismusbüro Flandern (s. S. 34) Broschüren mit ausführlichen Informationen zu allen Unterkunftsmöglichkeiten. Die meisten Touristeninformationen vermitteln für ihren Ort ebenfalls Zimmer, die geringe Gebühr, die sie dafür erheben, wird später vom Rechnungsbetrag abgezogen.

Hotels

Hotels werden in Belgien nach der Benelux-Norm mit Sternen klassifiziert. Die Anzahl der Sterne sagt allerdings ausschließlich etwas über die Ausstattung aus, nichts über die Lage, die Schönheit, nicht einmal zwingend etwas über den Preis.

1 Stern: einfaches Hotel (Zimmer mit Waschbecken, WC und Dusche auf dem Gang)

2 Sterne: Standardhotel (Zimmer mit Bad/Dusche und WC, Rezeption)

3 Sterne: Mittelklassehotel (Schreibtisch, Telefon, Radio, Leselampe am Bett)

4 Sterne: Erstklass-Hotel (Rezeption rund um die Uhr, TV, Bar, Safe)

5 Sterne: Luxushotel (Minibar, Park- und Gepäckservice etc.)

Die Anzahl der Sterne muss auf einem blauen Schild am Eingang des Hotels vermerkt sein. Generell ist der Standard der Hotels in Belgien, vor allem der Ein- bis Drei-Sterne-Häuser, etwas niedriger als in Deutschland.

Die für ein Doppelzimmer angegebenen Preise beziehen sich in der Regel auf das Zimmer, meist mit Frühstück. Einzelzimmer kosten dasselbe oder nur geringfügig weniger als Doppelzimmer. In der Hauptsaison (Osterferien, Juli/Aug.) sind die Preise an der Küste deutlich höher, häufig wird auch eine Mindestverbleibdauer von drei Tagen verlangt. Die in den Sommerkatalogen der Tourismusverbände aufgeführten Preise sind meist im Jahr davor erhoben, können also höher liegen als angegeben.

In den einfachen Hotels gibt es in der Regel ein großes Doppelbett mit durchgehender Matratze; wer das nicht möchte, sollte rechtzeitig fragen, ob es auch getrennte Betten gibt.

Gästezimmer/B&B

Gästezimmer *(kamer met ontbijt)* gibt es in allen Orten. Die Zimmer sind meistens angenehm, die vermieter freundlich, das Frühstück reichlich. Eine Liste der jeweiligen Zimmer bekommt man bei den örtlichen Fremdenverkehrsbüros oder bei
Taxistop
Onderbergen 51
9000 Gent
www.taxistop.be

Ferien auf dem Bauernhof

Es gibt in Westflandern, hinter der Küste, einige Möglichkeiten für *plattelandstoerisme,* also Ferien auf dem Bauernhof. Informationen dazu bekommt man beim Fremdenverkehrsverband Westflandern.

Ferienwohnungen

An der Küste gibt es etwa 70 000 Apartments, die als Ferienwohnungen vermietet werden. Sie befinden sich häufig in den wenig ansehnlichen Hochhäusern, bieten aber gerade deswegen einen tollen Blick über das Meer oder das grüne Hinterland. Die Wohnungen werden von *Immobiliënkantooren* vermietet, Namen und Adressen der Vermietbüros kann man den Ortsprospekten entnehmen. Die Wohnungen sind voll ausgestattet, Bettwäsche, Handtücher, Geschirrtücher muss man mitbringen. Viele Wohnungen muss man während der Hauptsaison für mindestens zwei Wochen mieten. Im Juli und August sind die Preise nicht selten doppelt so hoch wie in der Zeit von Oktober bis Januar. Im Preis enthalten sind Strom, Heizung und Wasser. Neben dem Mietpreis muss eine Kaution gestellt werden, die ca. 4 Wochen nach Rückgabe der Schlüssel zurücküberwiesen wird (BIC-Code und IBAN-Nummer angeben).

Bungalowparks

Ebenfalls an der Küste kann man sich in einem Feriendorf einmieten. Kleine oder größere Häuser, teilweise mit kleinem Garten, sind für Familien mit Kindern eine ideale Alternative zum Hotelurlaub. Informationen enthält die Broschüre ›Holiday Villages Flanders‹, die das Belgische Verkehrsamt verschickt.

Jugendherbergen

Jugendherbergen *(jeugdherberg)* und andere preiswerte Jugendunterkünfte finden sich in Gent, Antwerpen und Brügge sowie an der Küste. Sie stehen Reisenden jeden Alters offen, in den an den Internationalen Jugendherbergsverband angeschlossenen Unterkünften benötigt man jedoch einen Ausweis. Die Unterkunft ist einfach, neben Schlafsälen stehen meist nur wenige Doppel- oder Viererzimmer zur Verfügung, gemeinsames Bad/WC befindet sich auf der Etage. Außer den offiziellen Jugendherbergen gibt es in den größeren Städten auch private Hostels und Backpackers, die von Preis und Ausstattung ähnlich wie Jugendherbergen, aber in Fragen der Öffnungszeiten etwas legerer sind.

Camping

Die meisten Plätze sind sehr gut ausgestattet. Manche sind allerdings nur auf Wohnwagen und nicht auf Camper mit Zelt eingerichtet. Dafür stellen sie häufig *trekkershutten* (Wanderhütten) mit Schlaf- und Kochgelegenheiten für bis zu vier Personen zur Verfügung. Wildes Campen ist in Flandern verboten.

Essen & Trinken

Appetitliches aus dem Meer: typisches Angebot einer Fischbude

Flämische Küche

Die Küche Flanderns ist das Produkt einer glücklichen Ehe zwischen niederländischer Deftigkeit und französischer Raffinesse. Das Meer ist nah und liefert Fisch, Muscheln und Garnelen bester Qualität, Gemüse kommt aus der Gegend rund um Gent in Ostflandern, Fleisch und Geflügel liefern die Höfe des Polderlandes. Das Ergebnis ist eine schmackhafte, gehaltvolle Küche mit einer Schwäche für Eintöpfe: *stoverij, hutsepot* oder *Gentse waterzooi* kommen in großzügigen Portionen auf den Tisch. Viele traditionelle Gerichte erhalten ihren charakteristischen Geschmack dadurch, dass sie in Bier geschmort werden.

Fisch

Fisch, Muscheln und Austern spielen an der Küste eine Hauptrolle. Selbst in einfachen Restaurants wird viel Wert auf frische Ware und einfallsreiche Zubereitung gelegt, wobei selten ein Diätgericht entsteht: Seezunge Oostender Art wird mit Weißwein und Sahne umgossen, der Aal in grüner Soße mit einem ordentlichen Klacks Butter verfeinert. Miesmuscheln *(mosselen)* werden meist *à la marinière*, also in einem Sud aus Weißwein und Gemüse, serviert, in Oostende und Gent werden in solch einem Sud auch Seeschnecken *(karakollen)* gegart. Hummer, gegrillt oder gedünstet, ist die Königsdisziplin aller Fischrestaurants. Er hat natürlich seinen Preis, aber er ist es auch wert. Die kleinen grauen Nordseegarnelen *(grijse garnalen)* schmecken pur oder auf einem Brötchen, aber auch als Füllung von Tomaten oder in Kroketten eingebacken – Standardvorspeisen in ganz Belgien. Anhand der Qualität der *garnaalkroketten* (hausgemacht? Wie viele Krabben in der Füllung?) lässt sich die Güte eines Fischrestaurants testen.

Nationalgericht Pommes frites

Kartoffeln werden in Belgien häufig zu Pommes frites verarbeitet. In preiswerteren Lokalen ist eine Schüssel frisch zubereiteter, knuspriger Fritten die Standardbeilage zu fast jedem Gericht. Muscheln sind ohne Fritten schlicht nicht denkbar. Überhaupt sind die *friet* mehr als ein Nahrungsmittel, sie sind fast schon ein belgisches Glaubensbekenntnis. Kein Viertel, keine Kleinstadt ohne *frituur*, wo die Kartoffelstäbchen mit unterschiedlichen Soßen und einer Auswahl an Fleisch-, Hackfleisch- oder Fischspießchen angeboten werden. Echte *frieten* sind übrigens immer hausgemacht, keine *frituur*, die auf sich hält, würde tiefgefrorene Pommes aus der Fabrik benutzen. Die französischen

Nachbarn nennen die Belgier wegen dieser Leidenschaft ›moules-frites‹, was übrigens selten liebevoll gemeint und nicht zur Nachahmung empfohlen ist.

Süßigkeiten

Ein ganz besonderes Kapitel sind die Süßigkeiten. Warme, frisch gebackene Waffeln mit Zucker und Butter, Schlagsahne oder heißen Kirschen, wie sie zum Beispiel Siska in Knokke schon in der vierten Generation herstellt. Oder die berühmten belgischen Pralinen! Immer frisch aus der Confiserie, immer neue Variationen mit Butter, Sahne, Nougat, Marzipan und Likören. Oder die vielfältigen Kekse, Plätzchen und Kuchen mit Rosinen, Mandeln oder Äpfeln – die Auswahl scheint grenzenlos.

Bier

Die Belgier liegen nicht nur mit ihrem Pro-Kopf-Verbrauch in der europäischen Statistik ganz oben. Es gibt auch kein anderes Land, das so viele und so gänzlich unterschiedliche Biere braut. Nicht jedes Bier ist frisch gezapft am besten, viele werden ausschließlich, wie ein guter Wein, aus der Flasche ausgeschenkt, in der dann ein kleines Depot Bierhefe zurückbleibt. Sie können natürlich auch einfach ein ›Bier‹ bestellen. Dann bekommen Sie helles, leicht bitteres Pils, ein Maes vermutlich, ein Jupiler oder ein Stella Artois, nichts, was Ihnen im Gedächtnis bleiben wird.

Essen gehen

Während Restaurants der gehobenen Klasse meist mehrere Menüs in unterschiedlichen Preisklassen anbieten, kann man es in den einfacheren Lokalen bei einem Hauptgericht belassen – satt wird man auf alle Fälle. In Cafés und Tavernen werden den ganzen Tag über warme und kalte Kleinigkeiten angeboten, fast immer ist auch eine hausgemachte Suppe dabei.

Belgische Biere

Brugse Straffe Hendrik Bier in der Art des englischen Ale, wird als *blond* oder *bruin*, also frischer oder malziger, serviert.
Chimay: Starkes, würzig-fruchtiges Klosterbier.
Geuze: Säuerliches, erfrischendes Bier, bei dessen Herstellung Lambic verschiedener Jahrgänge verschnitten wird.
Hoegarden: Naturtrübes Weißbier aus Gerste und Weizen. Spritzig, leicht säuerlich, manchmal mit einer dicken Zitronenscheibe serviert.
Lambic: Obergäriges, sehr säuerliches Bier, das nach traditioneller Brauweise nur in Brüssel hergestellt wird.
Leffe: Das Leffe wird als ›blond‹, also hell und frisch, ›bruin‹, dunkel mit aromatisch-malzigem Geschmack und als starkes ›Tripel‹ angeboten.
De Koninck: Süffiges Schankbier der gleichnamigen Antwerpener Brauerei.
Kriek: Ein Bier wie Limonade: Während des Lagerns werden Kirschen zugefügt, die den säuerlich-spritzigen Geschmack verstärken.
Kwak: Das bernsteinfarbene, malzige Bier wird in einem hohen Glas mit hölzernem Ständer serviert.
Scotch: Scotch-Biere schmecken süßlich, sind dunkel und schwer, ein perfekter Schlaftrunk.

Kulinarisches Lexikon

Frühstück

koffie Kaffee
thee Tee
boter Butter
brood Brot
eieren Eier
roerei Rührei
honing Honig
marmelade Marmelade
pindakaas Erdnussbutter
suiker Zucker
zout Salz

Snacks

broodje belegtes Brot
...met kaas mit Käse
...met ham mit Schinken
...met hesp mit rohem Schinken
...met boerenpaté Bauernpastete
huzarensalade Salat mit Eiern und Majonäse
filet américain Tatar, sehr fein gemahlenes rohes Fleisch, mit Salz, Pfeffer und Gewürzen angemacht
toast kanibaal Toast mit Mett oder Tatar
stokbrood Baguette
tomaat met garnalen mit Krabben gefüllteTomate
uitsmijter ›Strammer Max‹, Brot mit Schinken und Spiegelei

Vorspeisen

dagsoep Tagessuppe
groentensoep Gemüsesuppe
garnaalkroketten Krabbenkroketten
kaaskroketten Käsekroketten
tomaat met garnalen Tomate gefüllt mit Krabben

Fleisch & Geflügel

beuling Kochwurst
bloedworst Blutwurst (oft gebraten und mit Kartoffelpüree und Apfelmus serviert)
braadworst Bratwurst
choesels Ragout aus Nieren, Kalbsbries und Champignons
eendeborst Entenbrust
fazant op z'n Brabants Fasan mit geschmortem Chicoree
hutsepot Eintopf aus verschiedenen Fleischsorten, Speck und Gemüse
kalfsvlees Kalb
konijn met pruimen Kaninchen mit Backpflaumen
karbonaden Ragout aus Schweinefleisch, in Bier mariniert und mit Zwiebeln und Kräutern geschmort
kip Hühnchen
konijn Kaninchen
lam Lamm
lever Leber
Mechelse koekoek Hühnchen auf Mechelner Art (mit Spargel)
ossehaas Rindfleisch
potjesvlees Sülze mit drei verschiedenen Fleischsorten: Kaninchen, Huhn und Kalb
rund Rind
spek Speck
stoverij in dunklem Bier geschmortes Rindfleisch
varkensgebraad Schweinebraten
waterzooi dicke Fischsuppe mit Gemüse und Sahne (wird auch mit Huhn gemacht)

Fisch & Meeresfrüchte

forel Forelle
garnalen Krabben
haring Hering
kabeljauw Kabeljau
kreeft Hummer
mosselen Miesmuscheln
oesters Austern

paling in't groen Aal in Kräutersauce
rogvleugels Rochenflügel
schol Scholle
tarbot Steinbutt
zalm Lachs
gerookt zalm Räucherlachs
zeetong Seezunge
zeetong op z'n Oostendes Seezunge in Sahnesoße mit Krabben und Miesmuscheln
zeevruchten Meeresfrüchte

Gemüse & Beilagen

aardappelen Kartoffeln
andijvie Endivie
appelmoes Apfelmus
asperges Spargel
bloemkool Blumenkohl
friets Pommes frites
gemengd slaatje gemischter Salat
groentestomp Püree aus Kartoffeln und Gemüse mit Speck
kampernoelies Champignons
komkommer Gurke
prei Lauch
rijst Reis
rode kool Rotkohl
sla Salat
spruitjes Rosenkohl
tuinbonen grüne Bohnen
uien Zwiebeln
veldsla Feldsalat
witloof Chicoree
gestoofd witloof mit Butter, Salz und Zucker geschmorter Chicoree
witte bonen weiße Bohnen
wortelen Möhren
zuurkool Sauerkraut

Desserts & Süßigkeiten

appeltaartje Apfelkuchen
ijs Eis
slagroom Schlagsahne
poffertjes kleine Pfannkuchen
rijstpap Milchreis
slagroom Schlagsahne
wafels met suiker Waffeln mit Zucker

Getränke

appelsap Apfelsaft
sinaasappelsap Orangensaft
frisdranken alkoholfreie kalte Getränke
bier Bier
wijn Wein
  rood rot
  wit weiß

Tomaat met garnalen

Die mit Krabben gefüllte Tomate ist ein Vorspeisenklassiker, der auf keiner belgischen Speisekarte fehlt: Pro Person eine schöne Tomate mit kochendem Wasser übergießen und häuten. Oben einen Deckel abschneiden und die Tomate mit einem kleinen Löffel aushöhlen. Drei Eidotter mit Salz, Pfeffer und einem kleinen Löffel Senf verrühren, etwas ruhen lassen und dann mit 100 ml Pflanzenöl schnell zu einer Majonäse verrühren. Zum Schluss mit Zitronensaft verfeinern und feingehackte Petersilie unterrühren. Für 4 Personen etwa 200 g kleine Nordseekrabben (ganz authentisch: *grijse garnalen*) mit der Mayonnaise vermischen – jede Krabbe soll nur ganz leicht davon umhüllt sein –, in die ausgehöhlten Tomaten füllen und den Deckel wieder draufsetzen. Restliche Krabben um die Tomaten verteilen. Dazu gibt es *stokbrood* – frisches Baguette. *Smakelijk!*

Aktivurlaub

Auf zum Krabbenfang:
Am Strand von Oostduinkerke

Angeln

Lust auf garantiert frischen Fisch? In Flandern kein Problem: Das Angeln mit der Rute im Meer, vom Strand oder vom Pier aus, ist frei. Für Binnengewässer und Kanäle, z. B. den Veurne-Duinkerke-Kanal, braucht man einen Angelschein, den man in Postämtern bekommt (ca. 12 €). In einigen Orten, z. B. in Oostende, kann man auch in eigens angelegten Fischteichen (meist Forellen) angeln und bezahlt dafür eine gewisse Gebühr. Hochsee-Angeltouren werden in Blankenberge, Oostende und Nieuwpoort angeboten. Man fährt mit einem Motorboot für einige Stunden aufs offene Meer hinaus um zu angeln oder Krabben zu fangen. Die Krabben werden noch an Bord gesäubert und gekocht. Angelrute und Netz können an Bord geliehen werden.

Baden

Die breiten Sandstrände an der Küste laden ab den ersten warmen Tagen zum Baden oder Sonnen. In allen Badeorten kann man Liegestühle und Sonnenschirme mieten sowie Strandkabinen, um seine Sachen aufzubewahren. Preis: zwischen 50 und 100 € pro Woche, je nach Saison.

In vielen Orten stehen an den Stränden in kurzen Abständen Stangen mit bunten Figuren oder Gegenständen (Apfel, Lokomotive, Fisch), die vor allem Kindern die Orientierung erleichtern sollen und als Treffpunkt dienen.

Die meisten Orte an der Küste besitzen auch ein Freibad oder ein als subtropisches Badeparadies aufgemachtes Hallenschwimmbad, manche sogar mit Meerwasser wie z. B. Oostduinkerke.

Bootsausflüge

In einem Land mit so vielen Kanälen ist ein Bootsausflug fast Pflicht. Ein Klassiker ist die Strecke von Brügge nach Damme, nicht weniger schön ist die Fahrt von Nieuwpoort auf der Ijzer durch das friedliche grüne Poldergebiet nach Diksmuide (ca. 2 Std.). Ebenfalls von Nieuwpoort aus werden Fahrten entlang der Küste bis Oostende angeboten, die eine überraschend neue Perspektive auf die Küste bieten. Von Gent aus fahren Schiffe auf der Leie bis Sint-Martens-Latem oder Deurle.

Wer das Ruder nicht aus der Hand geben möchte, kann ein Motorboot mieten und die Leielandschaft auf eigene Faust erkunden (45 € für 2 Std. im 4-Personen-Boot, Coupure rechts 2 a, 9000 Gent, Tel. +32/(0)9/233 79 17).

Golf

Den renommiertesten Golfplatz Flanderns, und nach Aussagen von Kennern auch einen der besten Belgiens, besitzt

Knokke, aber auch in Damme, Oostende, Oudenaarde, Ypern, St.-Martens Latem und Gent gibt es 18-Loch-Plätze. In anderen Orten wurde in den letzten Jahren zumindest ein Driving Range eröffnet, nicht nur Übungsmöglichkeit für erfahrenere Golfer, sondern auch eine Einstiegsmöglichkeit für diejenigen, die einmal unverbindlich ausprobieren möchten, was es mit den 18 Löchern auf sich hat. Einführungskurse z.B. bei Westgolf, Pietestraat-Zeelaan, Westende-Lombardsijde, Tel. 058/24 10 77.

Wasserqualität

Die Flämische Umweltgesellschaft vmm misst während der Sommermonate mindestens zwei Mal pro Woche die Qualität des Meerwassers in 39 Badezonen und informiert die Badegäste darüber. Laut Auskunft der vmm liegt die Wasserqualität an der flämischen Küste in der Regel über dem europäischen Durchschnitt.

Fliegen

Westflandern aus der Luft – auch das ist möglich. Sportflughäfen gibt es in Koksijde und Oostende, ein Rundflug mit einer kleinen Maschine oder gar mit einem Hubschrauber ist auf Anfrage immer möglich und auch nicht unerschwinglich.

Freizeitparks

›Provinciaal Domein‹ ist das Zauberwort für Erholungsuchende im dicht besiedelten Belgien. Diese Freizeitparks bieten Spazierwege, Liegewiesen, Teiche mit kleinen Tret- oder Ruderbooten, Minigolf- und Tennisplätze, Skatebahnen, Streichelzoos, ein Freibad und häufig auch einen Campingplatz. Informationen über *Provinciaal domeinen* beim belgischen Fremdenverkehrsamt.

Naturschutzgebiete

Obwohl die Belgische Küste dicht an dicht bebaut ist, haben viele Orte Naturschutzgebiete ausgewiesen, in denen Dünengebiete, duftende Kiefernwäldchen, die Ijzermündung oder die sensible Zone zwischen Wasser und Land besonders gehütet werden. Diese Gebiete darf man zwar betreten, man muss jedoch auf den ausgewiesenen Wegen bleiben. Dafür kann man dann nicht nur Sanddorn, Queller und Bibernelle bewundern, sondern auch See- und Watvögel, die in den ruhigen Gebieten eine Rückzugsmöglichkeit fin-

Sicherheit am Strand

An den überwachten Stränden sind im Sommer von 10.30 bis 18.30 Uhr Rettungsschwimmer im Einsatz, die die Schwimmer im Meer beobachten, aufpassen, dass vor allem Kinder nicht zu weit hinausschwimmen und im Ernstfall Schwimmern zu Hilfe kommen. Ob das Schwimmen im Meer gefahrlos möglich ist, erkennt man an den farbigen Flaggen, die die Rettungsposten jeden Tag aufziehen:

Grün: Keine Gefahr

Gelb: Baden und Schwimmen können gefährlich sein, keine Luftmatratzen o. ä. mit ins Wasser nehmen.

Rot: Baden verboten

Vom Fahrradsattel direkt ins Meer

den. Die interessantesten Naturschutzgebiete befinden sich in De Panne (Dünengürtel De Westhoek und das Wäldchen Calmeynbos), Nieuwpoort (Ijzermündung) und Knokke-Heist (Het Zwijn).

Petanque (Boule)

Auch die Flamen sind Meister der Stahlkugel! In allen Orten gibt es, meist in den Parks, Bahnen, die jeder nutzen kann, der rechtzeitig kommt.

Planwagenfahrten

Gemächlich über Land zuckeln, voraus ein braves Pferd, das den Weg kennt (ein Kutscher ist auch dabei), im Wagen ein lustige Gruppe (mindestens 15 Personen) – dieses gemütliche Freizeitvergnügen ist schon lange in Mode. Einige Reiterhöfe haben Fahrten zu verschiedenen Zielen im Angebot, z. B. De Paardehoeve in Oostduinkerke, Tel. 058/23 36 54.

Rad fahren

Flandern, das sprichwörtlich ›flache Land‹, ist im Prinzip ideal für Radtouren, wenngleich es längst nicht so viele ausgewiesene Radwege gibt wie im Nachbarland Holland. Dennoch: Jeden Sonntag kommen einem auf den Landstraßen Pulks von Amateurmannschaften oder ganze Volksrennen entgegen.

Fahrräder kann man an vielen Bahnhöfen ausleihen (z. B. Blankenberge, Oostende, Knokke, Veurne, Brügge; wenn man gleichzeitig eine Fahrkarte kauft, bekommt man Rabatt), bei Verkehrsämtern oder in Sportgeschäften, in Brügge auch in vielen Hotels. Die Verkehrsämter halten meistens Vorschläge für Radtouren bereit, an den meisten Orten gibt es auch exzellent beschilderte Radrouten. Denken Sie bei der Ausrüstung an Helm, Flickzeug und Regenschutz – und nehmen Sie es klaglos in Kauf, dass der Wind immer von vorn kommt.

Reiten

In den meisten Küstenorten gibt es Reitställe und Reiterhöfe, in denen man stundenweise Pferde mieten kann. Oft werden auch gemeinsame Ausritte durch die Dünenlandschaft organisiert. An den Badestränden darf man während der Hochsaison in den meisten

Gemeinden gar nicht oder nur frühmorgens und abends reiten.

Segeln

Natürlich ist die Nordsee auch ein beliebtes Segelrevier, und die belgische Küste hat Skippern einiges zu bieten. Blankenberge, Oostende und Nieuwpoort haben große Jachthäfen; dort kann man nicht nur mit dem eigenen Boot anlegen, sondern auch Segel- und Motorjachten für kürzere und längere Törns chartern. Ob nur mal ein Wochenende die Küste entlang oder über den Ärmelkanal nach England – alles ist möglich. Außerdem werden Kurse angeboten mit der Möglichkeit, einen Segelschein zu erwerben. Information erteilt u.a. die Vlaamse Zeilschool VVW, Watersportlaan 11, 8620 Nieuwpoort, Tel. 058/23 52 32, www.zeilschool.com/vlaamse.zeezeilschool.

Wer sich die Fahrt nicht allein zutraut, der kann eine Jacht samt Skipper chartern (ca. 50 € pro Person)

Sportzentren

Sportzentren und Fitnessclubs besitzen mittlerweile fast alle Küstenorte, aber auch die Orte im Binnenland. Mit Voranmeldung kann man dort Tennis, Squash, Volleyball, Badminton, Tischfußball usw. spielen, in der Regel sind auch ein Hallenbad und eine Sauna sowie eine Kneipe dabei.

Strandsegeln

Diese rasante Sportart kann am am besten in De Panne, aber auch in Oostduinkerke und Koksijde ausüben, wo die Strandabschnitte nicht durch Pfosten unterteilt sind. Bevor man sich vom Wind davontragen lässt, muss ein Kurs mit abschließender Prüfung absolviert werden. Nähere Informationen beim Nationalen Segelwagenverband LAZEF, Dynastielaan 18bis, 8660 De Panne, www.strandzeilen.be

Wandern

Die Dünenlandschaften am Strand, die kleinen Wäldchen zwischen den Orten und die Polderlandschaft des Hinterlandes bieten viele Spazier- und Wanderwege. Schöne Wanderreviere sind auch die Leie-Region südlich von Gent und die Kalmthoutse Heide östlich von Antwerpen. Jeder Ort hat mindestens drei Wanderwege unterschiedlicher Länge ausgewiesen, jeder ist ausgezeichnet beschildert (sechseckige Schilder an jeder Abzweigung) und steht unter einem bestimmten Motto: Der ›Grenspad‹ in De Panne führt an der französischen Grenze entlang, der ›Scharebrugpad‹ hat die Weiler und Kanäle rund um Wenduine zum Ziel, und auf dem ›Landbouwleerpad‹ in Blankenberge besucht man verschiedene Bauernhöfe. Zu den meisten Routen kann man in der örtlichen Touristeninformation eine Karte mit Erklärungen erwerben, häufig auch auf Deutsch. Die Fremdenverkehrsämter organisieren auch geführte Wanderungen und Nachtspaziergänge, manchmal mit anschließender Einkehr oder Grillabend.

Windsurfen, Speedsail, Kitesurfen, Wavekarting ...

... welche dieser rasanten Sportarten auch gerade angesagt ist: In allen Orten finden sich am Strand ein Verleiher für das nötige Equipment, ebenso Fachgeschäfte für Boards, Segel usw. Die meisten Surf- und Segelclubs gibt es in Knokke, dort ist man immer auf dem neuesten Stand, was Trendsportarten betrifft. Wer zuvor wissen möchte, woher der Wind weht, kann sich mit Hilfe der Webcam von Surfers Paradise informieren (www.surfersparadise.be).

Sprachführer

Ausspracheilfen

Niederländisch	Deutsch
ei z. B. in plein	wie **äi** in Lady, aber kurz
eu z. B. in deur	wie **ö** in dösen
oe z. B in boek	wie **u**
ou z. B. in oud	wie **au**
u z. B. in nul	wie **ü**
ui z. B. in uit	etwa **öi**, an diesem Vokal scheitern die meisten Ausländer
ij z. B. in lijn	wie **ei** (kommt im Alphabet an letzter Stelle)
g z. B. in tegel	etwa wie **ch** in fluchen
sch z. B. in schaap	s + ch getrennt sprechen

In der Schrift stößt man manchmal auf ein **ë** (Trema) wie z. B. in *Indië* oder *drieëntwintig*, dann müssen beide Vokale einzeln gesprochen werden.

Allgemeines

Guten Morgen	Goedemorgen
Guten Tag	Goedemiddag
Guten Abend	Goedenavond
Auf Wiedersehen	Tot ziens
bitte	alstublieft
danke	bedankt/Dank u wel
Entschuldigung	pardon
Ich heiße …	Mijn naam is …
Wo ist…?	Waar is …?
Wann?	Wanneer?

Zeit

Montag	maandag
Dienstag	dinsdag
Mittwoch	woensdag
Donnerstag	donderdag
Freitag	vrijdag
Samstag	zaterdag
Sonntag	zondag
Feiertag	feestdag
Stunde	uur
Tag	dag
Woche	week
Monat	maand
Jahr	jaar
heute	vandaag
gestern	gisteren
morgen	morgen
morgens	's morgens
nachmittags	's middags
abends	's avonds

Notfall

Hilfe!	Help!
Polizei	politie
Arzt	arts
Unfall	ongeval
Panne	autopech

Unterwegs

Haltestelle	bushalte/tramhalte
Fahrkarte	kaartje
Bahnhof	station
Flughafen	luchthaven
Tankstelle	benzinepomp
Fahrrad	fiets
links/rechts	links/rechts
geradeaus	rechtdoor
hier/dort	hier/daar
Stadtplan	plattegrond
Vorsicht	Pas op!
Bank	bank
Telefon	telefoon
Post	postkantoor
Briefmarke	postzegel
geöffnet	open
geschlossen	gesloten

Einkaufen

Geschäft	winkel
Markt	markt
Bargeld	contant geld
Geld	geld
Kreditkarte	creditcard

teuer	duur
Wieviel?	Hoeveel?

Im Hotel

Zimmer	kamer
Einzelzimmer	eenpersoonskamer
Doppelzimmer	tweepersoons-kamer
Bad	badkamer
Dusche	douche
Bett	bed
Doppelbett	grand lit
Schlüssel	sleutel
Handtuch	handdoek
Aufzug	lift
Gepäck	bagage
Pass, Ausweis	pas
Quittung	kwitantie
Rechnung	rekening
Name	naam
Vorname	voornaam
abfahren	vertrekken
Parkplatz	parkeerplats
Zelt	tent
Wohnwagen	kampeerwagen

Im Restaurant

Frühstück	ontbijt
Mahlzeit	maaltijd
Tisch	tafel
reservieren	reserveren
Messer	mes
Gabel	vork
Löffel	lepel
Teelöffel	lepeltje
Tasse	kop
Teller	bord
Flasche	fles
Glas	glas
Speisekarte	spijskaart
Tagesgericht	dagschotel
Nachspeise	nagerecht
zahlen	betalen, afrekenen
vegetarisch	vegetarisch
Getränk	drank
Wasser	mineralwater, spa

1	één	16	zestien
2	twee	17	zeventien
3	drie	18	achttien
4	vier	19	negentien
5	vijf	20	twintig
6	zes	21	éénentwintig
7	zeven	30	dertig
8	acht	40	veertig
9	negen	50	vijftig
10	tien	60	zestig
11	elf	70	zeventig
12	twaalf	80	tachtig
13	dertien	90	negentig
14	veertien	100	hondert
15	vijftien	1000	duizend

Wichtige Sätze

Sprechen Sie Deutsch/Englisch? Spreekt U Duits/Engels?
Ich verstehe Sie nicht Ik begrijp U niet.
Können Sie langsamer sprechen? Kunt u wat langzamer praten?
Können Sie mir helfen? Kunt U me alstubelieft helpen?
Wieviel kostet das? Hoeveel is het?
Wo finde ich…? Waar vind ik …?
Ich brauche… Ik heb … nodig
Haben Sie ein freies Zimmer? Heeft U kamers vrij?
Wo ist die Toilette? Waar is de W.C.?
Hau ab! Rot op!

Auskunft

... in Deutschland

Tourismus Flandern-Brüssel
Belgisches Haus
Cäcilienstr. 46
50667 Köln
Tel. 0221/277 59-0
Fax 0221/277 97 77
info@flandern.com
www.flandern.com

... in Österreich

Tourismuswerbung
Flandern-Brüssel
Mariahilferstrasse 121 b/6. Stock
1060 Wien
Tel. 01/596 06 60
Fax 01/596 06 95
office@flandern.co.at
www.flandern.co.at

Zu den einzelnen Provinzen

Die Verkehrsämter der einzelnen Provinzen verschicken ausführliche Prospekte zu Unterkunftsmöglichkeiten, Sehenswürdigkeiten, Sport und Freizeit.

Toerisme Provincie Antwerpen
Koningin Elisabethlei 16
2018 Antwerpen
Tel. 03/240 63 73
Fax 03/240 63 83
info@tpa.be
www.tpa.be

Toerisme Oost-Vlaanderen
Het Metselaarshuis
Sint-Niklaasstraat 2
9000 Gent
Tel. 09/269 26 00
Fax 09/269 26 09
toerisme@oost-vlaanderen.be
www.tov.be

Westtoerisme
Koning Albert I laan
8200 Sint Michiels (Brugge)
Tel. 050/30 55 00
Fax 050/30 55 90
info@westtoer.be
www.westtoer.be

Einreise

Zwar finden keine Grenzkontrollen mehr statt, doch müssen EU-Bürger sowie Schweizer Personalausweis oder Reisepass mitführen. Autofahrer brauchen den Fahrzeugschein und die grüne Versicherungskarte.

Haustiere müssen geimpft sein, die Impfung muss mindestens einen Monat und darf höchstens ein Jahr zurückliegen.

Anreise

Mit der Bahn

Die Anreise in die flämischen Städte und an die Küste erfolgt über Brüssel, von dort Weiterfahrt mehrmals pro Stunde nach Gent (ca. 30 Min.) und Brügge (ca. 50 Min.) oder nach Antwerpen (ca. 30 Min.). Für den Thalys, der die Strecke Köln–Aachen–Lüttich – Brüssel–Paris bedient, gilt ein eigenes Tarifsystem, an Wochenenden werden Ermäßigungen angeboten. Nach Oostende gibt es mehrmals täglich. einen durchgehenden Zug ab Köln (ca. 4.15 Std.).

Mit dem Auto

Vom Rheinland über die A3/E40 über Lüttich (Liège) oder über die A2/E314 über Maastricht bis Brüssel, dort auf den Ring bis zur Ausfahrt Nr. 10, dann weiter über A10/E40 nach Gent–Brügge–Ostende. Achtung: Am Brüsseler Ring muss man fast immer mit Stau rechnen. Nach Antwerpen nimmt man die A2/E314 und fährt dann weiter auf der A13/E313.

Mit dem Bus

Eurolines-Busse fahren regelmäßig von vielen deutschen Städten nach Brüssel, Antwerpen und Gent. Information, Tarife und Fahrpläne unter www.deutsche-touring.com, Tel. 069/79 03 50; in Österreich: www. eurolines at; in der Schweiz: www.eurolines-schweiz.ch.

Mit dem Flugzeug

Brüssel wird mehrmals täglich von allen deutschen Städten (außer Köln) von Lufthansa, Austrian Airlines und DAT (Delta Air Transport) angeflogen. Der Flughafen Zaventem liegt 13 km nordöstlich der Stadt, es besteht eine sehr gute regelmäßige S-Bahnverbindung zum Stadtzentrum (zwischen 6 und 23.30 Uhr alle 15 Min., Fahrzeit ca. 15 Min.) sowie stündlich eine Busverbindung nach Antwerpen (45 Min.). Die Züge nach Antwerpen bzw. Gent–Brügge fahren von allen drei Brüsseler Bahnhöfen (Nord, Central, Midi/Zuid) ab. Flughäfen gibt es auch in Antwerpen (www.antwerpairport.be) und Oostende (www.ostendairport.be).

Geld

Belgien ist Euroland, die Euromünzen tragen auf der Rückseite das Porträt des belgischen Königs Albert II. Bargeld hebt man mit der Maestro-Karte plus PIN-Nummer bei einem der vielen Bankautomaten ab (Bedienungsanleitung auch auf Deutsch). Die gängigen Kreditkarten werden in den meisten Geschäften akzeptiert, auch im Supermarkt. Allerdings bestehen viele kleinere Hotels und Privatvermieter auf Barzahlung, man sollte sich also vorher erkundigen.

Notfall

Notarzt, Feuerwehr: Tel. 100
(über Handy: Tel. 112)
Polizei: Tel. 101
Rotes Kreuz: Tel. 105
Pannenhilfe: Tel. 070 34 47 77

Diplomatische Vertretungen

Botschaft der Bundesrepublik Deutschland:
8–14, rue Jacques de Lalaing
1040 Bruxelles,
Tel. +32/2/787 18 00
Fax: +32/2/787 28 00
Bereitschaftsdienst für Notfälle:
+32/475/57 77 62
www.bruessel.diplo.de

Botschaft der Bundesrepublik Österreich
5, place du Champs de Mars
1050 Bruxelles
Tel. 02/289 07 00
Fax: 02/513 66 41.
bruessel-ob@bmaa.gv.at

Botschaft der Schweizerischen Eidgenossenschaft
26, rue de la Loi
1040 Bruxelles
Tel. 285 43 50
Fax: 02/230 37 81.
vertretung@bru.rep.admin.ch

Telefonieren

Landesvorwahl Belgien: 0032
Von Belgien
nach Deutschland: 0049,
nach Österreich: 0043,
in die Schweiz: 0041,
jeweils plus Ortsnetzkennnummer ohne die Null.
In öffentlichen Telefonzellen bezahlt man am besten mit Telefonkarten, die es in Postämtern, Zeitungskiosken und Bahnhöfen gibt. Läden, die Telefonkarten verkaufen, haben eine kleine rote Plakette am Eingang.

Das Mobilfunknetz ist eng geknüpft, es gibt kaum Funklöcher. Billiger als mit den internationalen Roamingtarifen wird das Telefonieren, wenn man in Belgien eine Prepaid-Karte kauft.

Öffnungszeiten

Hartnäckig hält sich das Gerücht, dass Belgien viel flexiblere Ladenöffnungszeiten hat als Deutschland. Das trifft höchstens auf bestimmte Geschäfte in den Küstenorten zu, und auch dort nur in der absoluten Hochsaison. Normalerweise schließen Geschäfte und Ämter zwischen 18 und 19 Uhr.
Postämter: Mo–Fr 9–17, Sa 9–12 Uhr.
Geschäfte: Mo–Sa 9/10–18/19 Uhr, Bäckereien, Metzgereien etc. häufig auch So 9–12 Uhr, dafür haben sie teilweise am Montag geschlossen.
Banken: Mo–Fr 9–12.30, 14–16.30 Uhr.
Die meisten **Museen** sind am Montag oder Dienstag geschlossen. Zwischen Oktober und Ostern gibt es, außer in den Großstädten, eingeschränkte Öffnungszeiten.

Ärztliche Behandlung

Seit 2006 gilt die neue **Europäische Krankenversichertenkarte EHIC** (European Health Insurance Card) in allen EU-Staaten. Kosten für ambulante und stationäre Behandlung werden allerdings nicht immer voll erstattet. Man kann auch den Arzt vor Ort bezahlen und sich zuhause von der Krankenkasse den üblichen Gebührensatz erstatten lassen. Die genauen Modalitäten sollte man bei seiner Kasse erfagen. Der Abschluss einer privaten Reise-Krankenversicherung ist daher immer noch ratsam.

Für **Apotheken** gelten dieselben Öffnungszeiten wie für andere Geschäfte. In größeren Städten gibt es ein rotierendes Nachtdienstsystem, an jeder Apotheke zeigt ein Schild im Fenster, welche gerade Dienst hat.

Behinderte

Behinderte, speziell Rollstuhlfahrer, werden auf den unebenen Pflastersteinen der flämischen Kunststädte Probleme haben. Auch haben nur wenige Museen, Restaurants und sonstige öffentliche Gebäude Rampen oder Aufzüge. Hotels sind meist erst ab den oberen Preisklassen mit Zugangshilfen ausgestattet, allerdings auch die meisten Jugendherbergen. Informationsmaterial erhält man bei:

Mobility International
Boulevard Baudouin 18
1000 Brüssel
Tel. 02/201 56 08
Fax 02/201 57 63
mobint@acradis.be

Unterwegs in Flandern

Mit dem Auto

Verkehrsregeln: Höchstgeschwindigkeit innerorts: 50 km/h, außerorts: 90 km/h, auf Schnellstraßen und Autobahnen: 120 km/h. Es besteht Gurtpflicht auf allen Plätzen. Kinder unter 12 Jahren dürfen nicht auf dem Beifahrersitz sitzen. Die Alkohol-Grenze liegt bei 0,5 Promille. Parkverbot an Bordsteinen mit einer durchgezogenen gelben Linie. Straßenbahnen haben immer Vorfahrt. Die Mitnahme der Internationalen Grünen Versicherungskarte ist Pflicht.

Tanken: Beim Tanken kann man unter Super (mit Blei/*met lood)*, Euro Super 95 (95 Oktan, bleifrei/*loodvrij)* und Super 98 oder Diesel wählen.

Automobilclub: Royal Automobile Club de Belgique a.s.b.l.,
53, rue d'Arlon,
1040 Brüssel,
Tel. 02/287 09 11, Fax 02/230 75 84,
www.racb.com.

Autorundfahrten

Die örtlichen Fremdenverkehrsverbände haben eine Reihe von thematischen Auto-Rundfahrten erarbeitet, die über kleine Nebenstrecken führen und das Land von einer gemeinhin unbekannten Seite zeigen. Diese Routen sind sehr gut ausgeschildert (sechseckige Schilder), die entsprechenden Broschüren mit Karten bekommt man in den örtlichen Fremdenverkehrsämtern.

Mit der Bahn

Belgien ist ein kleines Land, daher ist es nicht ungewöhnlich, in Brüssel zu arbeiten und beispielsweise in Gent oder Aalst zu wohnen. Die erfreuliche Folge ist ein sehr dichtes Eisenbahnnetz. Alle größeren und kleineren Städte sind mindestens im Stundentakt untereinander verbunden, die Bahnhöfe liegen meist relativ günstig an den Rändern der Innenstädte.

Fahrpreisermäßigungen: Preiswerte Wochenendfahrkarten gelten von Freitag 19 Uhr bis Sonntag. Mit dem Multi Pass können Gruppen von 2 bis 5 Personen ermäßigt fahren (1 Tag gültig, für 1 Hin- und Rückfahrt)

Auskünfte über Fahrpläne, Routen und spezielle Angebote sind bei der Belgischen Eisenbahn (SNCB) erhältlich, Tel. 02/528 28 28, www.b-rail.be oder bei
Belgische Eisenbahnen
Goldgasse 2
50668 Köln
Tel. 0221/ 141 18 70/71
Fax: 0221/141 18 79
ngbe-koeln@arcomail.de

Mit dem Bus

Linienbusse verbinden die Stadtzentren mit den Vorstädten und den Orten der Umgebung, der Busbahnhof befindet sich in der Regel in unmittelbarer Umgebung des Bahnhofs.

Die Küstentram

Die 67 km lange Strecke zwischen Knokke und De Panne wird tagsüber im Viertelstundentakt (ab 20 Uhr alle 30 Min., ab 22 Uhr bis gegen Mitternacht jede Stunde) von der Küstenstraßenbahn *(De Kusttram)* bedient. Die insgesamt 70 Haltestellen befinden sich in den Ortszentren sowie bei allen Strandbädern.

Tageskarte 6 €,
Dreitageskarte 12 €

Informationen: www.dekusttram.be

Orte vo

Ein stilvolles Wochenende in Antwerpen, Brügge oder Gent, eine Tour durch hervorragende Museen, ein Streifzug durch die geschichtsträchtigen Innenstädte oder lieber ein Einkaufsbummel durch avantgardistische Modeboutiquen, ein entspannender Badeurlaub mit langen Wanderungen und abwechslungsreichen Radtouren, abends frischen Fisch oder die gehaltvolle waterzooi genießen – die-

n A bis Z

ser Führer durch die flämischen Kunststädte gibt Ihnen nützliche Tipps und ausgesuchte Adressen an die Hand, damit Ihr Aufenthalt zu einem unvergesslichen Erlebnis wird! Und wer in Flandern etwas Besonderes sehen möchte, dem seien die fünf Touren empfohlen. Antwerpen, Brügge, Gent in kompakter, überschaubarer Form, für den, der viel sehen und nichts verpassen will.

Aalst (L 7)

Aalst (77 000 Einwohner) lebte, wie fast alle flämischen Städte, einst vom Tuchhandel. Die Textilindustrie spielt heute keine Rolle mehr, das Provinzstädtchen ist jetzt ein Zentrum des Schnittblumen- und Gemüseanbaus. *Ajuinenstad,* Zwiebelstadt, nennt man Aalst deshalb auch. Im Stadtkern allerdings finden sich noch alle Zeichen früherer Gediegenheit. Zu den berühmten Aalstern gehört Dirk Martens (1446– 1534), der die erste Buchdruckerei der Südlichen Niederlande gründete. Sein Denkmal steht auf dem Grote Markt.

Sehenswert

Schepenhuis: Das gotische Schöffenhaus auf dem Marktplatz gilt als das älteste seiner Art Flanderns, das Glokkenspiel im zierlichen gotischen Belfried ist sogar das älteste der gesamten Niederlande. Besonders filigran ist der untere Teil der Fassade ausgeführt, ein prachtvolles Beispiel des so genannten ›Flamboyantstils‹.

Beurs van Amsterdam: In der ›Börse von Amsterdam‹ mit Arkadengang und vier geschweiften Giebeln tagte einst die ›Rhetorikervereinigung‹, eine Gesellschaft von Honoratioren, die sich Dichtkunst und Gesang widmeten.

Stadhuis: Das säulengeschmückte Rathaus vervollständigt mit klassizistischer Eleganz die Kulisse des Marktplatzes.

Sint-Martinuskerk: Die unvollendete gotische Kirche besitzt einen kostbaren turmartigen Tabernakel aus Marmor und ein Gemälde von Peter Paul Rubens.

Feste & Unterhaltung

Karneval: Aalst ist eine Karnevalshochburg: am Wochenende vor Karneval Auftakt mit dem Winterjahrmarkt, großer Umzug am Karnevalssonntag, am Montag Besentanz der Aalster Gilles und *Ajuinworp* (Zwiebelwurf).

Dienst voor Toerisme: 9300 Aalst, Belfort, Grote Markt 3, Tel. 053/73 22 70, Fax 053/73 22 52, www.aalst.be

't Baldakijn: Kerkstraat, Kleine Gerichte 5,50–12,50 €. Wie ein Wintergarten wirkt das kleine Lokal, das sich für eine Pause nach dem Stadtbummel anbietet. Kleine Gerichte wie Croque Monsieur, Salate, Nudeln, Pfannkuchen.

Antwerpen (O 4)

›Weltstadt an der Schelde‹ nennt sich Antwerpen gern, aber das ist bei gerade einmal 472 000 Einwohnern ein bisschen übertrieben. Doch ein paar Rekorde kann die Stadt schon ins Feld führen: Der Hafen von Antwerpen ist der zweitgrößte Europas, in den Straßen um den Bahnhof wird weltweit jeder zweite Diamant geschliffen, und die jüdische Gemeinde ist eine der größten Europas. Als Kunststadt hat Antwerpen – man denke nur an die Namen Rubens, Jordaens und van Dyck – schon seit Jahrhunderten ein großes Renommee, Gründerzeit und Jugendstil haben im Viertel Zurenborg ein einzigartig geschlossenes architektonisches Ensemble hinterlassen, und seit einem guten Jahrzehnt rekrutieren die Modeschöpfer in Paris und Mailand ihren Nachwuchs von der Antwerpener Hochschule für Mode. Antwerpen, das merkt man beim Stadtbummel, oszilliert zwischen

Tradition und Avantgarde, Weltoffenheit und flämischer Behaglichkeit.

Sehenswert

Grote Markt: Auf dem dreieckigen Platz steht das Rathaus, das im 16. Jh., zu Antwerpens Blütezeit, mit Säulen, Wappen und Figurennischen in den Formen der Renaissance erbaut wurde. Die gotisch anmutenden Gildenhäuser mit den Treppengiebeln wurden dagegen erst im 19. Jh. wieder aufgebaut. Der Brabo-Brunnen in der Platzmitte illustriert den Gründungsmythos Antwerpens: Silvius Brabo wirft die abgeschlagene Hand des bösen Riesen Druon Antigon in die Schelde. Dieser Riese hatte alle Schiffer bedrängt, die an dieser Stelle in die Nordsee einfahren wollten. Wer sich seinen Forderungen widersetzte, dem hackte er die Hand ab. Erst der tapfere römische Legionär Brabo beendete die Plage mit einem letzten ›Handwerfen‹.

1 Highlight

Kathedrale Onze Lieve Vrouw: Mo–Fr 10–17, Sa 10–15, So, Fei 13–16 Uhr, Eintritt 2 €

Die gotische Liebfrauenkirche ist die größte Kirche Belgiens und gewiss eine der schönsten. Der Turm, der nach oben hin immer schlanker wird und Türmchen auf Türmchen setzt, scheint trotz seiner Höhe von 122 m ganz aus filigranem Spitzenwerk zu bestehen. Im Inneren ist die Kathedrale ungewöhnlich schlicht. Glanzpunkt sind drei Gemälde von Rubens. Vor der Kirche steht ein gotischer Brunnen mit kunstvollem schmiedeeisernen Aufsatz.

Glanzpunkte der Architektur: Giebelhäuser am Grote Markt in Antwerpen

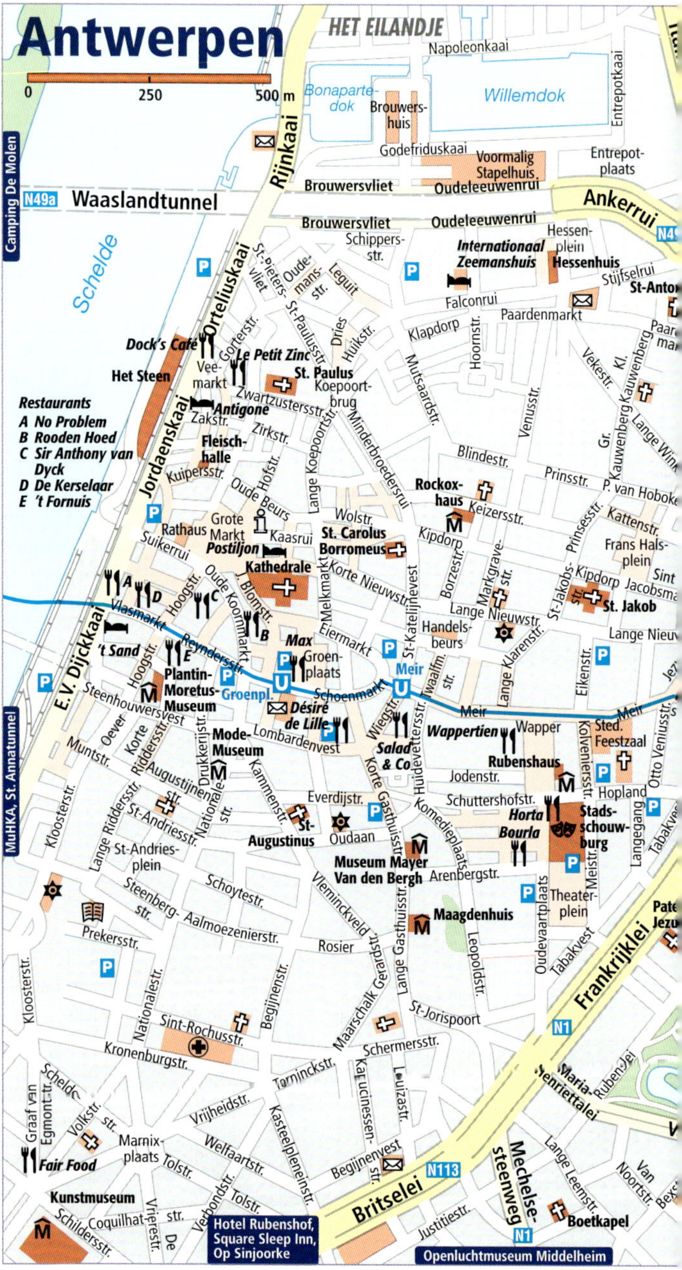
Antwerpen
0
250
500 m
HET EILANDJE
Napoleonkaai
Bonaparte-dok
Brouwers-huis
Willemdok
Entrepotkaai
Godefriduskaai
Voormalig Stapelhuis
Entrepot-plaats
Rijnkaai
Brouwersvliet
Oudeleeuwenrui
Ankerrui
Camping De Molen
N49a
Waaslandtunnel
Schelde
Brouwersvliet
Schippers-str.
Oudeleeuwenrui
Hessen-plein
Internationaal Zeemanshuis
Hessenhuis
Stijfselrui
Orteliuskaai
St.-Pietersvliet
Oude mansstr.
Leguit
St-Paulusstr.
Falconrui
Paardenmarkt
Klapdorp
Hoornstr.
Dries
Huikstr.
Mutsaardstr.
Vekestr.
Kl. Kauwenberg
Dock's Café
Gorterstr.
Le Petit Zinc
Het Steen
Vee-markt
St. Paulus
Koepoort-brug
Zwartzustersstr.
Restaurants
A No Problem
B Rooden Hoed
C Sir Anthony van Dyck
D De Kerselaar
E 't Fornuis
Antigone
Zakstr.
Jordaenskaai
Fleisch-halle
Zirkstr.
Minderbroedersrui
Venusstr.
Gr. Kauwenberg
Lange Koepoortstr.
Blindestr.
Prinsstr.
P. van Hoboken
Kuipersstr.
Hofstr.
Oude Beurs
Rockox-haus
Keizersstr.
Kattenstr.
Grote Markt
Rathaus
Wolstr.
Kaasrui
St. Carolus Borromeus
Kipdorp
Prinsesstr.
Frans Hals-plein
Suikerrui
Postiljon
Kathedrale
Korte Nieuwstr.
Borzestr.
Markgrave-str.
St-Jakobs-str.
Kipdorp
Sint Jacobsmarkt
St. Jakob
Melkmarkt
St-Katelijnevest
Lange Nieuwstr.
Vlasmarkt
Hoogstr.
Oude Koornmarkt
J. Blomstr.
Eiermarkt
Handels-beurs
Lange Klarenstr.
Lange Nieuwstr.
E.V. Dijckkaai
't Sand
Reyndersstr.
Max
Groen-plaats
Meir
Twaalfm. str.
Eikenstr.
Hoogstr.
Plantin-Moretus-Museum
Groenpl.
Schoenmarkt
Meir
Steenhouwersvest
Désiré de Lille
Wiegstr.
Meir
Oever
Korte Riddersstr.
Drukkerijstr.
Mode-Museum
Lombardenvest
Salad & Co
Huidevettersstr.
Wappertien
Wapper
Sted. Feestzaal
Kolveniersstr.
Otto Veniusstr.
Muntstr.
Augustijnenstr.
Nationalestr.
Kammenstr.
Korte Gasthuisstr.
Rubenshaus
Jodenstr.
Hopland
Schuttershofstr.
Kloosterstr.
Lange Riddersstr.
St-Andriesstr.
Everdijstr.
St-Augustinus
Oudaan
Komedieplaats
Horta
Bourla
Stads-schouwburg
Langegang
Tabakvest
St-Andries-plein
Museum Mayer Van den Bergh
Arenbergstr.
Meistr.
MuHKA, St. Annatunnel
Schoytestr.
Vleminckveld
Oudevaartplaats
Theater-plein
Steenbergstr.
Aalmoezenierstr.
Maagdenhuis
Leopoldstr.
Prekersstr.
Rosier
Lange Gasthuisstr.
Tabakvest
Frankrijklei
Kloosterstr.
Nationalestr.
Begijnenstr.
Maarschalk Gerardstr.
St-Jorispoort
N1
Sint-Rochusstr.
Kronenburgstr.
Schermersstr.
Tornincksstr.
Kapucinessenstr.
Louizastr.
Maria-Henriettalei
Rubenslei
Graaf van Egmontstr.
Scheldestr.
Volkstr.
Vrijheidstr.
Kasteelpleinstr.
Marnix-plaats
Welfaartstr.
Tolstr.
Begijnenvest
N113
Britselei
Mechelse-steenweg
Lange Leemstr.
Van Noortstr.
Fair Food
Kunstmuseum
Tolstr.
Verbondstr.
Coquilhatstr.
Vrijestr.
Schildersstr.
De
Hotel Rubenshof, Square Sleep Inn, Op Sinjoorke
Justitiestr.
N1
Boetkapel
Openluchtmuseum Middelheim

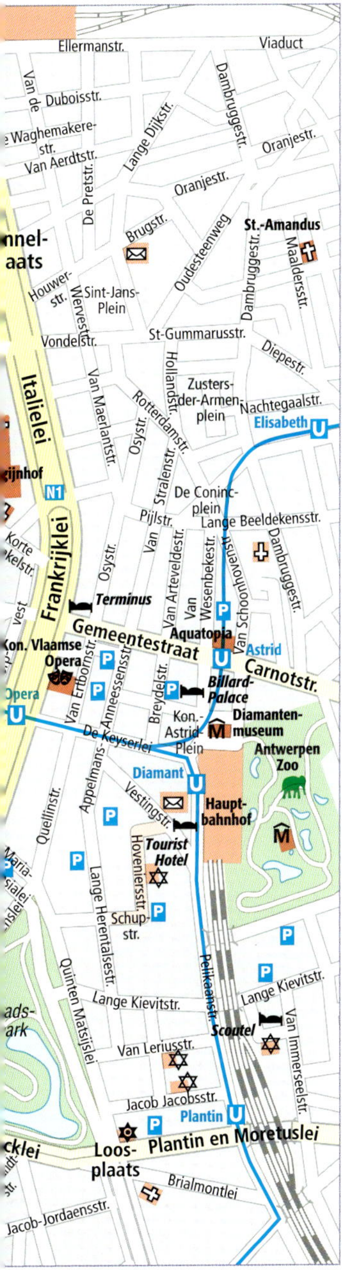

Vlaeykensgang:
zwischen Oude Koornmarkt und Pelgrimsstraat
Ein Stück altes Antwerpen, gerade noch vor dem Abriss gerettet: Das Geviert mit den engen Gängen und kleinen Ziegelhäuschen versetzt den Besucher in eine frühere Zeit zurück. Besonders schön an Sommerabenden, wenn das Glokkenspiel ertönt.

Schelde-Ufer:
Keine Brücke führt über die Schelde; wer auf die andere Seite will, muss den St-Anna-Tunnel benutzen, ein denkmalgeschütztes Bauwerk der 1930er-Jahre mit langer hölzerner Rolltreppe. Schön ist ein Spaziergang an den *Kaaien* bei den alten Hangars mit den schmiedeeisernen Verzierungen und hinauf zur *Wandelterras*, die einen schönen Blick hinüber zum *Linkeroever*, dem linken Scheldeufer, bietet.

Het Steen:
Steenplein 1.
Die einstige Residenz des Burggrafen, die in etwa an der Stelle steht, an der die erste Siedlung vermutet wird, geht bis auf das 10. Jh. zurück. Das Schifffahrtsmuseum, das bisher hier seinen Sitz hatte, ist geschlossen und wird bis zum Jahr 2010 ins neue ›Museum aan de stroom‹ im nördlich gelegenen Stadtviertel Het Eilandje verlegt. Der ›Lange Wapper‹, dessen Denkmal vor dem Eingang steht, erschreckte früher bezechte Bürger, die ihm spät nachts auf dem Heimweg begegneten.

Vleeshuis:
Vleeshouwersstraat 38–40,
Di–So 10–17 Uhr, 5 €.
Die alte Fleischhalle mit den weißen ›Specklagen‹ aus Sandstein zwischen den Backsteinschichten beherbergt das unterhaltsame Museum ›Klank van de stad‹, in dem das reiche städtische Musikleben dokumentiert wird.

Sint-Pauluskerk:
Veemarkt,
Mai–Sept. tgl. 14–17 Uhr.
Die Kirche des Dominikanerordens besitzt eine reiche Innenausstattung, darunter Werke der drei berühmten Antwerpener Maler Peter Paul Rubens, Antonis van Dyck und Jacob Jordaens.

Sint-Carolus-Borromeuskerk:
Hendrik-Consciencepiein 6,
Mo–Sa 10–12.30, 14–17 Uhr.
Üppige barocke Dekorationen zeichnen diese Kirche aus, deren Inneres weitgehend von Peter Paul Rubens gestaltet wurde.

Sint-Jacobskerk:
Lange Nieuwstraat 73,
April–Okt tgl. 14–17, Nov.–März tgl. 9–12 Uhr, So geschlossen, 2 €.
In dieser Kirche fand 1640 Peter Paul Rubens seine letzte Ruhestätte; sein Grab befindet sich hinter dem Hauptaltar.

Meir und De Keyserlei:
Diese beiden Prachtstraßen lassen die Gründerzeit auferstehen, als die reich gewordenen Bauherren noch einmal in Formen schwelgten und ihre Häuser mit Mosaiken, Reliefs, Säulen, Erkern und Büsten schmückten. Cafés und Geschäfte machen den Bummel zum Shopping-Vergnügen.

Handelsbeurs:
Twaalfmaandenstraat,
Di–Fr 7.30–19 Uhr.
Das lichte, hohe Gebäude – in einem gotisch-maurischen Stilgemenge mit Einsprengseln von Renaissance erbaut – wird für Ausstellungen und Kunstprojekte genutzt.

Rubenshaus:
Wapper 9–11,
Di–So 10–17 Uhr, 6 €.
Wohnhaus und Atelier von Peter Paul Rubens im Stil eines italienischen Palazzo mit einigen Gemälden von seiner Hand, vielen anderen Bildern und kostbaren Möbeln des 17. Jh. Der Malerfürst lebte und arbeitete hier 30 Jahre lang. Der anmutige Garten, den man durch einen der drei Bögen betritt, wurde nach seinen Plänen gestaltet. Sehenswert ist übrigens auch die kühle Glas-Stahl-Konstruktion des Ticketpavillons vor dem Haus.

Centraal Station:
Antwerpens Hauptbahnhof, 1905 eingeweiht, ist auch dann einen Besuch wert, wenn man mit dem Auto gekommen ist: riesige Glasfenster, goldstrotzende Stuckdecken und eine hohe Kuppel machen aus dem Zweckbau eine ›Kathedrale der Eisenbahn‹.

Zoo:
Koningin-Astridplein 28,
www.zooantwerpen.be,
tgl. ab 10 Uhr, 17,50/12,50 €.
Einer der ältesten Zoos der Welt mit teilweise skurrilen Tierhäusern wie einem ägyptischen Tempel oder einer rosa Villa, aber auch modernen Anlagen wie einem Nocturama für Nachtvögel und dem ›Hippotopia‹, einem Sumpfbiotop für Nilpferde, Tapire und Wasservögel.

Aquatopia:
Koningin-Astridplein 7
(im Astrid Park Plaza Hotel),
www.aquatopia.be,
tgl. 10–18 Uhr, 13,95/9,50 €.
Aquarium mit allen modernen Schikanen wie audiovisuellen Anlagen und interaktiver Computertechnik. Der Rundgang führt vom tropischen Regenwald und einem Mayatempel über Korallenriffe bis zum Boden des Ozeans.

Pelikaanstraat:
Diese und die benachbarten Straßen sind ein Weltzentrum der Diamanten. Vier Diamantenbörsen und etwa 2000 Firmen, die Diamanten schleifen, bearbeiten oder mit ihnen handeln, befin-

den sich hier, rechts und links der Straße reiht sich ein Juwelier an den anderen. Viele der Händler und Schleifer sind orthodoxe Juden, die man an den langen schwarzen Mänteln, dem steifen Hut mit der *kippah* darunter, dem ungeschorenen Bart und den Schläfenlokken erkennt. In den Nebenstraßen finden sich mehrere koschere Restaurants und Lebensmittelläden.

Plantin-Moretus-Museum:
Vrijdagmarkt 22,
Di–So 10–17 Uhr, 6 €.
Haus des Buchdruckers Plantin, der hier 1549 die bedeutendste Druckerei Europas einrichtete. Gezeigt werden der Entstehungsprozess eines Buches im 17. Jh., wertvolle Bücher, darunter eine originale Gutenberg-Bibel, und Möbel. Seit 2005 zählt das Museum zum UNESCO-Welterbe.

Koninklijk Museum voor Schone Kunsten (KMSKA):
Leopold De Waelplaats,
Di–Sa 10–17, So 10–18 Uhr, 6 €.
Ausführlicher Überblick über die Entwicklung der flämischen Malerei vom 14. bis ins 20. Jh. mit Werken u. a. von Brueghel, Rubens, Van Dijk, Van Eyck, Jordaens, Ensor.

MUHKA (Museum voor Hedendaagse Kunst):
Leuvenstraat,
Di–So 10–17 Uhr, 5 €.
Das Museum für moderne Kunst zeigt eine hervorragende Sammlung zeitgenössischer Malerei in einem ehemaligen Getreidespeicher im Zuid-Viertel.

Museum Mayer Van den Bergh:
Lange Gasthuisstraat 19,
Di–So 10–17, 4 €.
Die hochrangige Kollektion des Sammlers Fritz Mayer van den Bergh ist in einem prächtigen neogotischen Gebäude untergebracht: Gemälde, Skulpturen, Wandteppiche, Silberschmiedearbeiten und vieles mehr. Besonders sehenswert ist der Brueghel-Saal mit den berühmten Gemälden ›Dulle Griet‹ und ›Die zwölf Sprüche‹.

Rockoxhuis:
Keizerstraat 12,
Di–So 10–17 Uhr, 2,50 €.
Gemäldesammlung (u.a. Rubens, van Dyck, Jordaens) im Haus eines ehemaligen Bürgermeisters.

ModeMuseum:
Nationalestraat 28,
www.momu.be
Di–So 10–18 Uhr, 6 €.
Im Komplex ›De ModeNatie‹, der auch die Abteilung Mode der Kunstakademie beherbergt, werden historische Kostüme und aktuelle Modeströmungen in Wechselausstellungen gezeigt.

Diamantenmuseum:
Koningin-Astridplein 19–23,
www.diamantmuseum.be,
tgl. außer Mi 10–17.30 Uhr, 6 €.
In drei ›Schatzkammern‹ wird der Weg des Diamanten vom unscheinbaren grauen Kiesel zum glitzernden Kleinod

Modernes Bauen in Antwerpen

Seit den 1980er-Jahren sind in Antwerpen hochinteressante moderne bis avantgardistische Gebäude entstanden. Für einen ersten Überblick empfiehlt sich ein Spaziergang entlang der ›Kaaien‹, der Kaistraße entlang der Schelde. Die Parade der modernen Bauten beginnt mit dem markant schwarz-weiß gestreiften Huis Van Roosmalen (Sint Michielskaai/Goede Hoopstraat) und geht über das Restaurant Zuiderterras bis hinauf zum Eilandje bei den alten Docks.

gezeigt. Mo–Sa kann man einem Diamantenschleifer bei der Arbeit zusehen. Außerdem: Geologische Entstehung der Diamanten, Förderung, Schleiferei, Verarbeitung. Im Labor kann man Farbe, Härte, Lichtbrechung selbst testen, außerdem historischer und moderner Schmuck.

Zurenburg:
Das Viertel südlich der Innenstadt, rund um die Straße Cogels Osylei, ist ein einzigartiges, weitgehend unversehrt erhaltenes Ensemble von Stadtvillen im Stil der Gründerzeit und des Jugendstil, komplett mit Türmchen, Erkern, Wandgemälden und vielem mehr.
Linie 11 Richtung Berchem, Haltestelle Cogels Osylei.

Het Eilandje:
Der alte Hafen nördlich der Innenstadt entwickelt sich gerade von der Industriebrache zum begehrten In-Viertel mit Bars, Restaurants und dem neuen Museum aan de stroom.

Openluchtmuseum voor Beeldhouwkunst Middelheim:
Middelheimlaan 61,
Di–So 10–17 Uhr, April, Sept. bis 19, Mai, Aug. bis 20, Juni, Juli bis 21 Uhr, Eintritt frei.
Etwa 300 Skulpturen des 20. Jh. in einem großen Park mit alten Bäumen.

Rundfahrten

Hafenrundfahrt:
Mai–Aug. tgl. 13.30 Uhr ab Londenbrug, April, Okt., Nov nur Fr, Sa, So, 12 €. Eine Rundfahrt durch einen der größten Binnenhäfen der Welt, vorbei an Containerschiffen, Öltankern und Lagerhäusern (s. auch Tour 1, S. 108/109).

Scheldefahrt:
Mit einem Boot der Reederei Flandria unterschiedlich lange Rundfahrten zu verschiedenen Zielen, Abfahrt: Steenplein.

Antwerp Diamond Bus:
Rundfahrtbus mit Haltestellen bei den wichtigsten Sehenswürdigkeiten, mit einem Tagesticket (11 €) kann man beliebig oft aus- und wieder einsteigen. Die Busse verkehren täglich (im Winter nur an Wochenenden) und im Stundentakt, der erste fährt um 10.30 Uhr am Bahnhof ab, der letzte um 16.30 Uhr.

Ausgehen

Het Elfde Gebod:
Torfbrug 10.
Das 11. Gebot lautet: Du sollst viele verschiedene Sorten Bier probieren – und zwar in dieser mit Heiligenfiguren und Madonnenbildchen vollgeräumten Kneipe im Schatten der Kathedrale.

Beveren:
Vlasmarkt 2.
Typisch belgisches Café, immer voll, die große Kirmesorgel kann man mit Münzen füttern.

De Vagant: Reynedersstraat 25.
Die ›Kneipe zur Förderung des Verständnisses von Genever‹ führt 200 Geneversorten, darunter einige interessante Fruchtliköre, die man an langen Holztischen unter den Klängen klassischer Musik verkosten kann.

Café d'Anvers: Verversrui 15.
House, Techno etc. auf 2 Etagen, Fr, Sa bis 7 Uhr.

Pier 19: Brouwersvliet 19.
Restaurant, Bar und Club, Fr Lounge-Musik, Sa DJ.

Feste & Unterhaltung

Rubensmarkt: Altertümliches Volksfest am 15. Aug. auf dem Grote Markt.

Eine der schönsten Kirchen Belgiens: Onze Lieve Vrouw in Antwerpen

Einkaufen

Einkaufsstraßen: Frankrijklei, de Keyserlei, Meir; **Boutiquen:** Schuttershofstraat, Nationalestraat, Korte Gasthuisstraat, Huidevetterstraat, Kammenstraat (Street- und Clubwear).

Grand Bazar: Schoenmarkt.
Ladenpassage mit verschiedenen Kettenläden, der Buchhandlung fnac, Snackbars, WC.

Horta Complex Hopland:
Frankrijklei 46–48.
Edelkaufhaus: Armani, Scapa World, Olivier Strelli, DKNY-Jeans, Essentiel.

XSO: Eiermarkt 13–17.
Komplex verschiedener Boutiquen wie Issey Miyake, Armani, Kenzo etc.

Coccodrillo:
Schuttershofstraat 9A/B.
Tolle Schuhe.

Somers: Eiermarkt 33.
Brillen: verrückt, trendy, edel.

Nitya: Schuttershofstraat 9d.
Edle Kleider aus edlen Stoffen, witzige Accessoires.

Madame: Lombardenvest 80.
Traditionsreiches Wäschegeschäft.

Secundo: Nationale Straat 31.
Spottbillige Markenkleidung, Reste aus Kollektionen, kein Second Hand!

Ann Demeulemeester:
Verlatstraat 38.
Androgyne, minimalistische Mode der jungen Antwerpener Modeschöpferin.

Het Modepaleis:
Nationalestraat 16.
Hochwertige, klassische Herren- und Damenmode von Dries van Noten.

Walter:
Sint-Antoniusstraat 12.
Ungewöhnlich gestylte Boutique und Kunstgalerie von Walter van Beirendonck, auch andere Label.

Louis: Lombardenstraat 2.
Verschiedene Label avantgardistischer belgischer Modemacher.

Fish & Chips: Kammenstraat 36–38, www.fishandchips.be.
Streetwear, Clubwear.

Hit!: Kammenstraat 43.
Streetwear, Clubwear.

Naughty 1:
Kammenstraat 65–67.
Second Hand aus den 1960ern und -70ern.

Kanthuis Dupon:
Wapper 16.
Spitze und Tischwäsche.

Boon: Lombardenvest 2.
Wunderbar altmodisches Handschuhgeschäft.

Modestadt Anwerpen

Mitte der 1980er-Jahre erschien plötzlich ein neues Sternbild am Himmel der Haute Couture: Sechs junge Modestudenten aus Antwerpen sorgten auf der Londoner Modemesse für Furore. Die ›Antwerp Six‹, darunter Walter van Beirendonck und Ann Demeulemeester, gehören schon zu den Modeklassikern, und ihre Nachfolger sind nicht weniger erfolgreich. Ihre Geschäfte befinden sich im südlichen Teil der Innenstadt zwischen Nationalestraat und Huidenvettersstraat: Ann Demeulemeester: Verlatstraat 38; Walter (van Beirendonck): Sint-Antoniusstraat 12;
Louis: Lombardenstraat 2 (verschiedene Label). Im Buchladen Copyright des MoMu (Modemuseums) bzw. in der Touristeninformation gibt es einen Führer zu den besten Modegeschäften (›Antwerpen Modespaziergang‹) inkl. angesagten Bars, Restaurants, Cafés und Kneipen.

Iris Pralines:
Grote Markt 17.
Große Auswahl an ›Antwerpse Handjes‹, Händchen aus Schokolade, dem Symbol Antwerpens.

Burie:
Korte Gasthuisstraat 3,
www.chobel.be/burie
Auch wer keine Schokolade mag, sollte sich die legendären Schaufenster dieses Chocolatiers ansehen, die jeden Monat unter einem neuen Thema gestaltet werden.

Philips Biscuits:
Korte Gasthuisstraat 11.
Köstliche Kekse.

Oud Huis Dam:
Korte Gasthuisstraat 5.
Eingelegtes Gemüse, Öle, Essig, Kräuter und vieles mehr.

Beo: Hopland 17.
Comics.

Mekanik Strip:
Sint-Jacobsmarkt 73.
Figuren aus vielen belgischen Comics, zum Teil beweglich.

Diamondland:
Appelmansstraat 33 A,
www.diamondland.be
Mo–Sa 9.30–17.30 Uhr.
Hier kann man nicht nur den Diamantschleifern bei der Arbeit zusehen und sich über alles Wissenswerte zum Thema informieren lassen, sondern auch und vor allem natürlich kaufen.

Märkte:
Vrijdagsmarkt: Trödel, Nippes (Mi, Fr); Vogelmarkt rund um das Theater (Stadsschouwburg): Vögel, Hunde, Katzen, Trödel, Lebensmittel, Antiquitäten (So morgen);
Antiekmarkt: Lijnwaadmarkt (Sa).

Toerisme Antwerpen:
2000 Antwerpen,
Grote Markt 15,
Tel. 03/232 01 03, Fax 03/231 19 37,
www.visitantwerpen.be,
Mo–Sa 9–18, So, Fei 9–17 Uhr

Antwerpener Chinatown

Die Van Wesenbekestraat, die neben dem Astrid Park Plaza Hotel vom Koningin-Astridplein abgeht, hat sich zu einer kleinen ›Chinatown‹ entwickelt, in der chinesische Supermärkte asiatische Lebensmittel, Porzellan und chinesischen Nippes feilbieten. Außerdem steht hier eine alte Markthalle mit Fleisch-, Fisch- und Gemüseständen.

Billard-Palace: Koningin Astridplein 40,
Tel. 03/233 44 55,
www.hotelbillardpalace.be,
DZ 49–59 €.
Vom Billardtisch direkt ins Bett – in diesem Hotel ist das möglich. Preisgünstiges Hotel in Bahnhofsnähe mit Spielsalon im Erdgeschoss. Zimmer für bis zu 6 Personen, nicht alle mit Bad und WC, Waschsalon vorhanden.

Rubenshof:
Amerikalei 115–117,
Tel. 03/237 07 89, DZ 52–76 €.
Eines der traditionellen, einfachen belgischen Hotels in einem alten Jugendstilhaus, nicht alle Zimmer mit Bad.

Terminus:
Franklin Rooseveltplein 9,
Tel. 03/231 47 95,
www.hotelterminus.be, DZ 68 €.
Direkt beim Busbahnhof; die Zimmer nach vorne haben Balkon, aber die nach hinten sind ruhiger, mit Bar und Billard.

Postiljon:
Blaumoezelstraat 6,
Tel. 03/231 75 75,
www.hotelpostiljon.nl,
DZ 70 €.
Kleines Haus direkt bei der Kathedrale, Zimmer nach hinten verlangen.

Internationaal Zeemanshuis:
Falconrui 21,
Tel. 03/227 54 33,
www.zeemanshuis.be,
DZ 70–76 €.
Einst nur für Seeleute, heute auch für Landratten, saubere Zimmer mit Dusche und WC.

Tourist Hotel:
Pelikaanstraat 20,
Tel. 03/232 58 70,
www.hotels-belgium.com/hb-antwerp-tourist-du.htm,
DZ 70-90 €.
Mitten im Diamantenviertel und neben der Bahnlinie, also nicht ruhig, aber nett und gemütlich.

Antigone:
Jordaenskaai 11–12,
Tel. 03/231 66 77,
www.antigonehotel.be
DZ 85–95 €.
Zentral gelegenes Hotel, nach vorn Blick auf die Schelde, ordentliche, nicht allzu große Zimmer.

't Sandt:
Zand 17,
Tel. 03/232 93 90,
www.hotel-sandt.be,
145–250 €.
Kleines Luxushotel in einem Stadtpalais des 19. Jh., 12 Suiten und zwei Apartments, am Wochenende deutlich günstigere Tarife.

Jugendherbergen
Op Sinjoorke:
Eric Sasselaan 2,
Tel. 03/238 02 73,
ab 15,40 € pro Person, im DZ 23 €.
Etwas außerhalb, Bus 27, Tram 2.
Hopper Scoutel
Stoomstraat 3–7,
Tel. 03/226 46 06
scoutel@hopper.be
Ein- bis Vierbettzimmer mit Bettwäsche und Frühstück, DZ ab 45 €.
Backpackers Hostel Den Heksenketel
Pelgrimsstraat 22,
Tel. 03/484 113 569,
www.heksenketel.org
Direkt im Zentrum, Schlafsäle mit Stockbetten, Küche auf jeder Etage, Frühstück 8–12 Uhr. Café mit Live Musik, Sperrzeit 2 Uhr.

Camping
De Molen:
Jachthavenweg,
Tel./Fax 03/219 81 79
Zeltplatz mit Blick auf Antwerpen. Einige ›Trekkerhütten‹ für vier Personen zu mieten, unbedingt reservieren.

Max:
Groenplaats,
Klassische *fritkot* des Kunstlehrers und Frittenfanatikers Paul Ilegens, im Obergeschoss ist ein kleines ›Frites Museum‹ mit Cartoons und alten Fotos eingerichtet.
Salad & Co:
Wiegstraat 6,
Mo–Sa 10–18 Uhr,
Salate auch zum Mitnehmen ab 3,50 €.
Kleine Pause beim Stadtbummel: Salate, frisch gepresste Säfte.
Désiré de Lille:
Schrijnwerkerstraat 16, tgl. 9–22 Uhr,
Waffeln ab 3 €, Snacks um 8 €.
Die besten Crêpes und Waffeln der Stadt, auch Pfannkuchen und herzhafte Imbisse.
Wappertien:
Wapper 10,
So geschl., Broodje 5 €, Salate 11 €, Hauptgerichte um 12 €.
Gleich beim Rubenshaus: kleine Gerichte, Salate, gute Desserts.
No Problem:
Ernest-van-Dijkkaai 26–27,
Tel. 03/289 80 51.
Mi geschl., Hauptgerichte 15–20 €.
Kleines jamaicanisches Lokal mit immer guter Stimmung, Cocktails, im Sommer manchmal Barbecue auf der Terrasse.
Grand Café Horta: Hopland 2,
Snacks 10-15, Hauptgerichte 20–25 €.

Café Het Elfde Gebod im Schatten der Kathedrale

Moderner Bau am Wapper, in den Teile der berühmten, in den 1970er-Jahren abgerissenen ›Maison du Peuple‹ des Jugendstil-Architekten Victor Horta integriert sind. Angenehmes Ambiente.

Kleine Bourla:
Kelderstraat 3,
Tel. 03/232 16 32,
Sa mittag, So geschl., 18-23 €.
Moderne, sehr beliebte Brasserie, klassische Küche und Snacks.

Rooden Hoed:
Oude Koornmarkt 25,
Tel. 03/233 28 44, kein Ruhetag,
Muscheln 22 €, Menü 35 €.
Traditionsreiches Café-Restaurant, Muschelspezialitäten.

Fair Food:
Graaf van Egmontstraat 60,
Tel. 03/238 92 96,
Hauptgerichte 10–12 €, Menü 25 €.
Max Schneider, einst Food-Fotograf, heute Koch, verwendet wo immer möglich Lebensmittel aus organischem Anbau, viele vegetarische Gerichte.

Dock's Café:
Jordaenskaai 7,
Tel. 03/226 63 30,
Sa mittag geschl.,
Hauptgerichte 15–25, Menüs um 25 €.
Immer gut besuchtes Café-Restaurant mit sehenswerter Ausstattung in einer Art postmodernem Rokoko, hervorragende mediterrane Küche.

Le Petit Zinc:
Veemarkt 9,
Tel. 03/213 19 08,
So geschl.,
Hauptgerichte 20–30 €,
Snacks ab 15 €.
Authentische Antwerpener Brasserie, immer gut besucht, regionale Küche in großzügigen Portionen, aber recht kostspielig.

Sir Anthony van Dyck:
Oude Koornmarkt 16 (Vlaekensgang),
Tel. 03/231 61 70,
So geschl.,
Hauptgerichte 30–35 €, Menü ab 45 €.
Marc Paesbrugge hat vor ein paar Jahren seine Michelinsterne zurückgegeben, aber er bleibt ein ausgezeichneter Koch. Das Restaurant im Vlaekensgang ist eine Oase der Ruhe.

De Kerselaar:
Grote Pieter Potstraat 22,
Tel. 03/233 59 69,
Mo, Sa mittag sowie So geschl.
Marktmenü: 50 €.
Chefkoch Yves Michiels tischt ausgeklügelte Köstlichkeiten auf. Berühmt ist sein Schokoladenkuchen *petit gateau*.

`t Fornuis:
Reyndersstraat 24,
Tel. 03/233 62 70,
Sa, So geschl.,
Hauptgerichte ab 24 €,
Lunchmenü 70 €.
Bestes und teuerstes Restaurant Antwerpens: Französische Haute cuisine, erlesene Bordeauxweine.

Züge verkehren von Antwerpen in kurzen Abständen in alle größeren und kleineren Städte Belgiens. Antwerpen-Berchem ist eine Haltestelle des **Thalys** Brüssel–Amsterdam.

Innerstädtischer Verkehr: Dichtes Netz der Straßenbahnen und Busse, die Fahr- und Linienpläne sind gut verständlich. Informationen und einen Netzplan erhält man in der U-Bahnstation Groenplaats, an der Station Diamant und am Busbahnhof am Franklin-Rooseveltplein.

Blankenberge (E 3)

Mit beiden Händen rein ins Vergnügen, heißt die Devise von Blankenberge

(18 000 Einwohner), dem lautesten und buntesten Badeort der belgischen Küste. Das Casino und viele Spielautomaten sorgen für Non-Stopp-Zerstreuung, die breite Strandpromenade hat Platz für Spaziergänger, Skater und all jene, die sich kichernd auf den skurrilen Vierer-, Sechser- und Achterfahrrädern durchs Getümmel schleusen. A propos Rad fahren: Das ›Lustige Velodrom‹ hält noch verrücktere Drahtesel bereit: Eiernde Räder oder verkehrt angebrachte Pedale lösen bei Wagemutigen und Zuschauern gleichermaßen die Lachmuskeln. Auch der lebhafte Yacht- und Fischerhafen lässt vergessen, dass Blankenberge einst nur ein winziges Fischerdörfchen war.

Sehenswert

Altes Rathaus:
Kerkstraat.
Das kleine Haus mit dem Treppengiebel und dem Uhrtürmchen auf dem Dach stammt von 1680.

Huisje van Majutte:
Breydelstraat 10.
Das letzte Fischerhäuschen des Ortes, das heute zwischen zwei hässlichen Neubauten klemmt, wird sorgsam gepflegt.

Paravang:
Der lange ›Wandschirm‹ am Yachthafen mit niedlichem Dächlein und endlos vielen Sitzplätzen schützt vor dem scharfen Wind. Je nach Windrichtung blickt man entweder auf den geschäftigen Hafen oder auf den Park mit Minigolf-Anlage, Bouleplatz und Badminton-Platz.

Zeemuseum:
Zeedijk 1,
Tel. 050/41 20 00,
Eintritt frei.
Kleines Schiffahrtsmuseum im alten Leuchtturm, schöne Aussicht.

Casino:
An der Stelle, wo Napoleon 1810 eine Festung aufrichtete, bauten die Blankenberger später ein Casino im Art-Deco-Stil mit Spiel- und Konzertsälen.

Pier:
Zeedijk (Richtung Zeebrugge),
www.depierblankenberge.be.
Der 250 m lange, ins Meer hinaus gebaute Pier mit einem runden Pavillon am Ende ist ein obligatorischer Abstecher beim Strandbummel. Man kann vom Pier aus einfach nur windgeschützt aufs Meer schauen, im Sunset Salon einen Cocktail, ein paar Tapas oder eine Tasse Kaffee genießen oder eine der wechselnden Ausstellungen besuchen.

Sea Life Marine Park:
Koning-Albert I-laan 116,
www.sealife.be
tgl. 10–18 Uhr, Juli, Aug. 10–21 Uhr, 12,50 €.
Aquarium mit Süß-, Brack- und Meerwasserbecken, Seepferdchen, Haie, Rochen zum Anfassen, Seehund-Auffang- und Pflegestelle.

Serpentarium:
Zeedijk 146, www.serpentarium.be,
tgl. 10–18 Uhr, Juli, Aug. 10–21 Uhr, 7/5,50 €.
Wissenswertes über Schlangen und Reptilien.

Sport & Strände

Strand: 3,3 km langer, 350 m breiter Sandstrand mit Verleih von Badehäuschen, Sonnenschirmen und Strandliegen.

Schwimmbad De Nordzee:
A. Van Ackerensquare 1
beheiztes Meerwasserbecken.
Eine Fahrt mit dem Amphibienboot entlang der Strand-Wasserlinie beginnt gegenüber dem Casino.

Surfen: 300m breite Surfzone beim Pier, Verleih bei Surfclub Offshore,

Spaß für Radfahrer und Zuschauer: Das ›Lustige Velodrom‹ in Blankenberge

Oostkant Pier
Tel. 0497/37 50 83

Wellness:
Das BlosoCentrum (Koning Baudewijnlaan 15 bis) bietet Entspannung mit vier Saunen, Dampfbad, Whirlpool und Grünanlagen.

Wandern:
Ausgeschilderte Rundwege im Naturschutzgebiet De Fonteintjes.

Rad fahren:
Beschilderte Fahrradroute (Genteleroute, 33 km) durch die Polderlandschaft landeinwärts mit hübschen alten Dörfchen, Broschüre (nur NL und F) im VVV.

Das lustige Velodrom: Zeedijk
Seit 1933 besteht diese Blankenberger Institution. Wenn Mutige sich mit den kuriosen Gefährten auf die Planken wagen, haben die Zuschauer genau soviel Spaß wie die Radfahrer.

Ausgehen

Casino: Zeedijk 150, Tel. 050/43 20 20, Mo–Do, So 13–4, Fr, Sa 13-6 Uhr. Hier kann man seine Urlaubskasse aufbessern – oder auch nicht.

King Beach, Zeedijk. Club.
Zanzibar: Kasinostraat 7. Club.

Einkaufen

Markt:
Fr vormittag, Mai–Sept. auch Mo vormittag.

Feste & Unterhaltung

Zeewijding: Feierliche Seeweihe Anfang Juli
Blumenkorso: letzter So im Aug.

VVV Dienst voor Toerisme:
8370 Blankenberge
Leopold III-plein, Tel. 050/41 22 27,
Fax 050/741 61 39,
www.blankenberge.be.

Rogier: Rogierlaan 28,
Tel. 050/41 77 48, 45–55 €.
Nah an Strand und Straßenbahn, dennoch nicht allzu laut, 10 einfache, nette Zimmer mit Dusche/WC.

Manitoba: Manitobaplein 11,
Tel. 050/41 12 20,
www.hotelmanitoba.com,
68–90 €.

Gründerzeithaus in der Fußgängerzone, alle Zimmer renoviert, nette Atmosphäre.

La Tempête: Ruzettelaan 37,
Tel. 050/42 94 28, DZ 80 €.
Kleines Hotel (9 Zimmer), mit Fischrestaurant, nicht weit vom Strand, Spezialitätenwochenenden.

Strand:
Zeedijk 86, Tel. 050/41 16 71,
www.strand-hotel.be, DZ 95–105 €.
Direkt am Strand, schöne, teilweise etwas kleine Zimmer.

Helios:
Zeedijk 92, Tel. 050/42 90 20,
www.hotelhelios.be,
DZ 120–145 €.
34 Zimmer mit Blick aufs Meer, bei Regenwetter kann man die hauseigene Sauna oder das Solarium benutzen, gutes Fischrestaurant im Haus.

Jugendherberge
Wullock: Ruitersstraat 9,
Tel. 050/41 53 07, Fax 42 06 14,
www.escalona.be.

Ferienwohnungen
Agence Escalona:
Zeedijk 60B,
Tel. 050/41 41 30, Fax 42 96 05.
Vor allem Apartments und Wohnungen am Strand oder am Hafen.

Camping
Dallas:
Ruzettelaan 191, Tel. 050/41 81 57.
50 m vom Strand entfernt etwas außerhalb, Richtung Zeebrugge, mit allen Annehmlichkeiten.

Oesterput:
Oude Wenduinsesteenweg 11,
Tel. 050/41 10 35,
www.oesterput.com.
Restaurant in einem alten Bootsschuppen, Spezialität: Hummer (35–65 €, je nach Größe), die in großen Becken auf ihre Bestimmung warten, aber auch Austern, Muscheln oder Fischsuppe.

Triton:
Zeedijk 92,
Tel. 050/42 90 20, Menü um 35 €.
Angenehmes Fischrestaurant.

Zug: Intercity stündlich von Gent/Brügge (Vorsicht: In Brügge wird ein Teil des Zuges abgekoppelt und fährt nach Knokke).

Bredene (C 3)

Das kleine Familienseebad (14 000 Einwohner) fällt etwas aus der Reihe der belgischen Seebäder: kein *zeedijk,* keine Hochhausfront, keine Fahrradflotten, stattdessen lange Spazierwege durch die Dünen. Den Strand erreicht man vom Ortsteil Bredene-Duinen aus bequem über eine Fußgängerbrücke, die die belebte Küstenstraße quert.

Sehenswert

Visserskapel OLV ter Duinen:
Kapelstraat (Ecke Klemskerkestraat).
Die kleine Kapelle zu Unserer Lieben Frau (1736) war die Gebetsstätte der Bredener Fischer. Votivbilder und alte Fotos dokumentieren ihr hartes Leben. Weitere Kapellen und eine Grotte machen den Ort zu einer beliebten Wallfahrtsstätte.

Wasserturm: Der weithin sichtbare dicke, blau-weiß gestreifte Turm, der wie eine überdimensionierte Regentonne aussieht, beherbergt eine ständige Ausstellung zur Geschichte der Wassergewinnung und bietet eine weite Aussicht über das platte Bauernland.

Anto-Diez-Museum:
Bosduivenstraat 22,
Mi–Sa 15–19, So 15–18 Uhr.
Gemäldesammlung des zeitgenössi-

Brot wie zuhause

›Das gemütliche Bäckerlädchen‹ heißt der kleine Laden in der Kapelstraat 53, der deutsches Sonnenblumenbrot, Mohnbrötchen und gedeckten Apfelkuchen im Angebot hat – ein Tipp für alle, die schon nach einer Woche das gute deutsche Brot vermissen.

schen Malers Anto Diez im alten Ryckewaertshof.
Sassafras: Duinenstraaat 318, www.sassafras.be, Juli/Aug. tgl. 11–19 Uhr, Juni/Sept. nur Sa, So, 6/4,45 €. Eine Art Märchenpark in einem verrückten Haus voller Puppen.
Heimatkundliches Museum Turkeyenhof: Zegelaan 42, So 10–12, 15. Juni–30. Aug. auch Mi, Do Fr 9–12, 13.30–16.30 Uhr. Fossilien und Muscheln, Gegenstände aus keltisch-romanischer Zeit, altes Handwerkszeug.

Sport & Strände

Strand: Breiter Sandstrand, viele Familien mit Kindern.
Die Schorreweide ist Brutgebiet und Winterquartier für viele einheimische und Zugvögel, Feldstecher mitbringen.
Wandern: Beschilderte Wanderwege führen durch den Ort und an der Küste entlang, zum Beispiel der ›Spuikompad‹ (6 km), der am ehemaligen Seedeich entlangführt.
Rad fahren: Markierte Radwege erschließen die Polderlandschaft hinter der Küste.
Windsurfen: Twins Watersport, Strandpost 1.
Angeln auf dem Meer: Sportfishing Anna, Nukkerstraat 37.
Reiten: `t Ruitershof, Sluizenstraat 133.

Nackt baden

Bredene besitzt den einzigen ausgewiesenen FKK-Strand der belgischen Küste. ein Rettungsposten trägt Sorge, dass auch unbekleidete Schwimmer nicht in Gefahr kommen. Der Strand befindet sich am östlichen Rand Richtung De Haan.

Feste & Unterhaltung

Dahliade: Internationale Dahlienausstellung in der zweiten Augusthälfte.

Dienst voor Toerisme, 8450 Bredene, Kapelstraat 76, Tel. 059/56 19 70, Fax 059/56 19 69, www.uitinbredene.be

Lusthof: Zegelaan 18, Tel. 059/33 00 34, DZ 60 €, mit Halbpension 82 €. Familienfreundliches, ruhig gelegenes Hotel mit schönem Garten
Flanders Country: Derbylaan 53, Tel. 059/33 13 17, 65 €, Ferienhaus 500–650 €/Woche. Originelles kleines Hotel ca. 10 Min. vom Strand, breite Sonnenterrasse. Auch Ferienwohnungen und Ferienhäuser verfügbar.
Camping
Bredene besitzt die meisten Campingplätze der belgischen Küste.
Asterix: Duinenstraat 198 b, Tel. 059/33 10 00, www.camping-asterix.be. Kleinerer Platz, ruhig, nicht weit vom Strand, Restaurant.
Park D`Heule: Zandstraat 101 B, Tel. 059/33 28 29, www.parkdheule.de. Großer, komfortabler Platz für Wohn-

wagen, mit Restaurant und Lebensmittelgeschäft.

Viele günstige Cafés und Restaurants in der Kapellestraat.
't Oudland: Dorpsstraat 116,
Tel. 059/33 03 98,
Fischgerichte um 20 €.
In dem alten Fischerhaus hängen Erinnerungen aus der afrikanischen Lebensepoche des Hausherrn.

Bredene ist Haltestelle der **Küstenstraßenbahn**.

Highlight 2

Brügge (E 4)

Im Mittelalter war Brügge eine der bedeutendsten Handelsstädte nördlich der Alpen. Nicht nur Tuch von hoher Qualität wurde hier produziert, der günstige natürliche Hafen ließ die Stadt auch zu einem Welthandelszentrum aufsteigen, in dem alle großen Handelsunternehmen eine Niederlassung hatten. Sie machten die Stadt reich, schön machten sie die Burgunderherzöge, die im 15. Jh. Künstler von europäischem Rang nach Brügge holten. Ende des 15. Jh. begann der Hafen zu versanden, die Handelshäuser zogen nach Gent oder Antwerpen, und Brügge sank innerhalb seiner alten Stadtmauern zur Provinzstadt ab, der meistens das Geld für Bauten nach der jeweils neuesten Baustilmode fehlte. So präsentiert sich die Stadt mit ihren heute immerhin 115 000 Einwohnern als nahezu unversehrtes gotisches Kleinod mit prächtigen Kirchen und Zunfthäusern, aber auch krummen Gässchen mit kleinen Giebelhäuschen, in der jede Straße eine Geschichte zu erzählen hat.

Zum Jahr 2002 indes, als Brügge zur Europäischen Kulturhauptstadt ausgerufen wurde, leistete sich die Stadt ein paar Ausflüge in die Moderne. Sie ließ sich von namhaften Architekten einige neue Akzente ins Stadtbild setzen, darunter eine neue Brücke am Bahnhof, die wie ein roter Fächer wirkt, den Pavillon am Burgplatz und den ambitionierten Konzertsaal am Zand.

Sehenswert

Lakenhalle und Belfried: Markt 7,
Di–So 9.30–17 Uhr, 5 €.
Die gewaltigen Ausmaße der Tuchhalle mit der zinnengeschmückten Fassade verdeutlichen, welchen Stellenwert der Handel in Brügge hatte. Der 83 m hohe Belfried ermöglicht den schönsten Ausblick über die Stadt. Die 366 Stufen führen vorbei am Museum der ehemaligen Schatzkammer und am kostbaren Glockenspiel.

Stadhuis: Burg 12,
Di–So 9.30–17 Uhr, 2,50 € (zusammen mit der Brugse Vrije).
Eines der schönsten Rathäuser Flanderns. Die filigrane Fassade des Rathauses schmücken drei Türmchen und unzählige Figuren. Der Schöffensaal mit einem Kreuzrippengewölbe aus vergoldetem Holz ist mit Szenen aus der Stadtgeschichte ausgemalt.

Brugse Vrije: Die größte Kostbarkeit des ›Brügger Freiamts‹, des alten Burggrafenamts mit den geschweiften Giebeln links neben dem Rathaus, ist ein marmorner Kamin mit einem kunstvoll geschnitzten Aufsatz. Im Zentrum steht Kaiser Karl V. mit erhobenem Schwert, um ihn herum eine Unzahl von Figuren, Wappen und Medaillons.

Pavillon: Einen interessanten Akzent setzt der 2002 von Toyo Ito entworfene Pavillon am Burgplatz ins Stadtbild. Die kühle, schlichte Konstruktion aus

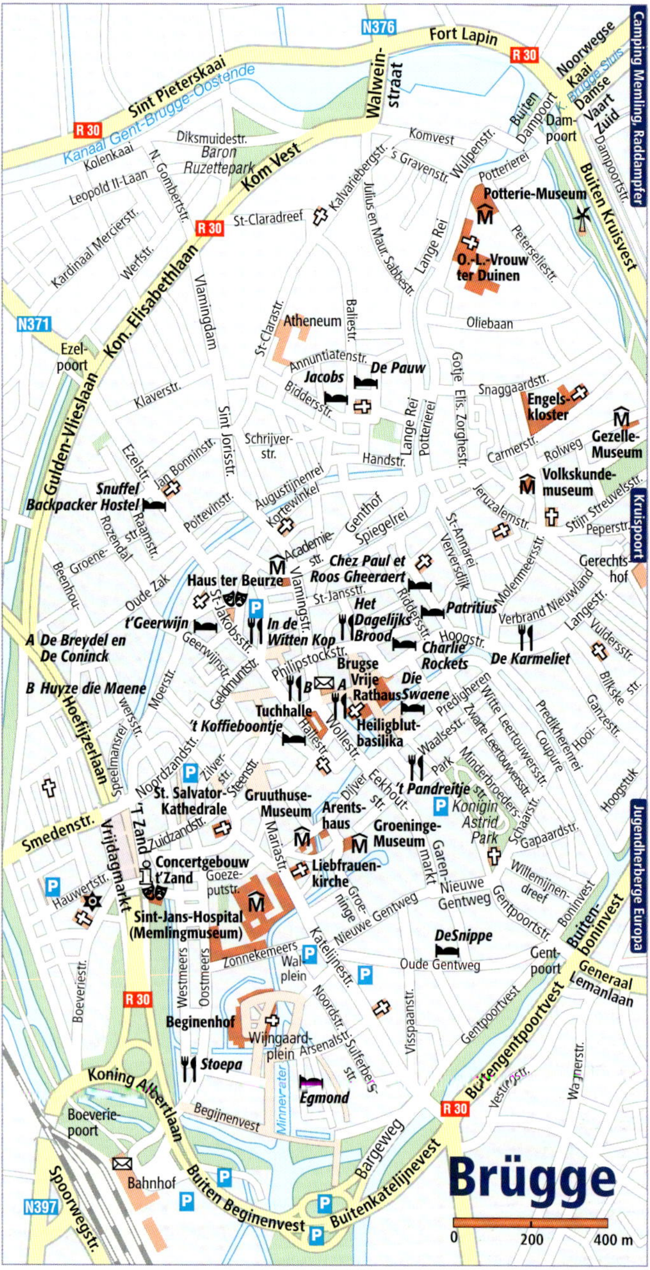
Brügge
0 200 400 m
Camping Memling, Raddampfer
Kruispoort
Jugendherberge Europa
Fort Lapin
Sint Pieterskaai
Kanaal Gent-Brugge-Oostende
Walweinstraat
Kom Vest
Kon. Elisabethlaan
Gulden-Vlieslaan
Potterie-Museum
O.-L.-Vrouw ter Duinen
Atheneum
Jacobs
De Pauw
Engelsklooster
Gezelle-Museum
Volkskundemuseum
Snuffel Backpacker Hostel
Haus ter Beurze
Chez Paul et Roos Gheeraert
Het Dagelijks Brood
Patritius
t'Geerwijn
In de Witten Kop
A De Breydel en De Coninck
B Huyze die Maene
Charlie Rockets
De Karmeliet
Brugse Vrije
Rathaus
Die Swaene
Tuchhalle
Heiligblutbasilika
't Koffieboontje
't Pandreitje
St. Salvator-Kathedrale
Gruuthuse-Museum
Arentshaus
Groeninge-Museum
Konigin Astrid Park
Concertgebouw t'Zand
Liebfrauenkirche
Sint-Jans-Hospital (Memlingmuseum)
DeSnippe
Beginenhof
Stoepa
Egmond
Bahnhof
Koning Albertlaan
Buiten Beginenvest
Buitenkatelijnevest
Buitengentpoortvest
Buiten Kruisvest
Ezelpoort
Dampoort
Gentpoort
Boeveriepoort
Smedenstr.
Vrijdagmarkt
't Zand
Hoefijzerlaan
Wijngaardplein
Walplein
Minnewater
R 30
N376
N371
N397

Glas und Aluminium steht in einem Wasserbecken, das zarte Wabenmuster nimmt die filigranen Verzierungen des Rathauses auf.

Heilig-Bloedbasiliek: Burg 15, April–Sept. 9.30–12, 14–18 Uhr, Okt.–März: 10–12, 14–16 Uhr, Mi nachmittags geschl., Reliquienverehrung Fr 10–12 (unten), 14.15–16 Uhr (oben), www.holyblood.com; 1,50 €.
Im oberen Stock der romanischen Doppelkirche, des ältesten Bauwerks der Stadt, wird in einer Seitenkapelle jeden Freitag eine Phiole gezeigt, die einige Tropfen des Blutes Christi enthalten soll. Einmal im Jahr, am Himmelfahrtstag, wird ihr Schrein in einer feierlichen Prozession durch die Stadt getragen.

Onze-Lieve-Vrouwekerk:
Mariastraat, Mo–Sa 9.30–16.50 Uhr, So 13.30–16.50 Uhr, 2,50 €.
In der gotischen Liebfrauenkirche mit dem 122 m hohen Turm befinden sich die Sarkophage des Burgunderherzogs Karl des Kühnen und seiner Tochter Maria sowie eine Madonna mit Kind aus weißem Marmor von Michelangelo.

Sint-Salvatorkathedraal:
Steenstraat, Mo 14–17.45 Uhr, Di–Fr 9–12, 14–17.45 Uhr, Sa 9–12, 14–15.30 Uhr, So 9–10, 14–17 Uhr, Schatzkammer tgl. außer Mo 14–17 Uhr, 2,50 €.
Die Kirche mit dem imposanten Turm tut sich durch eine besonders reich geschnitzte Orgelempore hervor. Das geschnitzte Chorgestühl trägt die Wappen der Ritter vom Goldenen Vlies.

Begijnhof ten Wijngaarde:
Minnewater
Museum: Mo–Sa 10–12, 13.45–17 Uhr, So 10.45–12, 13.45–17 Uhr, 2 €.
Der 1245 gegründete Beginenhof bezaubert mit weiß getünchten Häuschen, einem baumbestandenen Zentrum und einem kleinen, informativen Museum über das Leben der Beginen. Heute wird der Hof von Benediktinerinnen bewohnt (s. Abb. S. 2/3).

Kruispoort: Das alte Stadttor von 1402 mit den beiden mächtigen Rundtürmen war einer von vier Zugängen zur Stadt. Im Grünstreifen entlang dem Graben stehen vier Windmühlen. Bei günstigem Wind wird die Sint-Janshuysmolen in Betrieb genommen.

Huis ter Beurze:
Grauwwerkersstraat.
Das Viertel rund um die Jakobskirche war im Mittelalter der Sitz der großen ausländischen Handelshäuser. Durchreisende Kaufleute übernachteten in der Herberge der Familie van der Beurze, lagerten ihre Waren und schlossen Geschäfte ab. So wurde die ›Börse‹ bald zum Synonym für einen Ort des Handels, weit über die Mauern der Stadt und die Zeit ihrer Blüte hinaus. Ganz in der Nähe wird an diejenigen erinnert, die am unteren Ende der sozialen Leiter standen. Am Jan van Eyckplein steht in hölzerner Kran, wie er im Mittelalter für das Be- und Entladen der Handelsschiffe benutzt wurde. Das große Antriebsrad wurde von den *kraankinderen* bedient, die darin tagaus, tagein auf der Stelle laufen mussten.

Frietmuseum: Vlamingstraat 33, www.frietmuseum.be, tgl. 10–17 Uhr, 6 €.
Das Museum in der Saaihalle zeigt die Geschichte der Fritte, den Prozess des Fritierens, Pommes in Kunst und Kultur.

Sint-Jans-Hospitaal (Memlingmuseum): Mariastraat 38, Di–So 9.30-17 Uhr, 8 €.
Das älteste Krankenhaus Europas existiert seit 1120 und war bis ins 20. Jh. noch in Betrieb. Auch die Apotheke aus dem 17. Jh. ist noch vollständig erhalten. Heute sind hier sechs Werke des flämischen Malers Hans Memling aus-

Markantes Wahrzeichen der Stadt: der Belfried in Brügge

gestellt, darunter der Ursulaschrein, ein Meisterwerk der Miniaturenmalerei.

Groeninge-Museum: Dijver 12, Di–So 9.30-17 Uhr, 8 €.
Bedeutende Sammlung von Werken flämischer Meister wie Jan van Eyck, Hans Memling, Rogier van der Weyden, Robert Campin, Gerard David und Hugo van der Goes.

Gruuthuse-Museum: Dijver 17, Di–So 9.30-17 Uhr, 6 €.
Das Museum für Angewandte Kunst mit einer Sammlung von Wandteppichen, Möbeln, Keramik, Spitze, Silberarbeiten usw. ist im ehemaligen Palais der Familie van Gruuthuse untergebracht.

Arentshuis/Brangwynmuseum: Dijver 16, Di–So 9.30–17 Uhr, 2,50 €.
In dem Herrenhaus aus dem 18. Jh. zeigt eine Ausstellung Werke des in Brügge geborenen Künstlers Frank Brangwyn (1867–1956).

Volkskundemuseum: Balstraat 43, Di–So 9.30–17 Uhr, 3 €.
Das Museum ist in den Häusern eines Hospizes untergebracht, das im Mittelalter für verarmte Schuster eingerichtet wurde. Es zeigt u. a. Werkstätten, einen Laden und ein altes Klassenzimmer.

Kantcentrum: Peperstraat 3A, Mo–Fr 10–12, 14–18, Sa 10–12, 14–17 Uhr, So geschl., 2,50 €.
Spitzenmuseum in den schön restaurierten Jerusalem-Stiftungshäusern. Im früheren Wohnhaus der Familie ist die Klöppelwerkstätte untergebracht.

Concertgebouw 't Zand:
Am Platz 't Zand steht das Konzertgebäude, das größte Flanderns. Die auffallend ziegelrote Haut nimmt Bezug auf die Backsteinarchitektur der Stadt.

Mit dem Rad durch Brügge

Durch Brügge radeln! Das schont die Füße, die auf dem unregelmäßigen Pflaster schnell müde werden, man kommt schnell durch die ganze Stadt und hat doch Muße, sich alles genau anzusehen. Räder gibt es in vielen Hotels, aber auch am Bahnhof. Ausleihgebühr (9,50 € pro Tag, 7 € ab 14 Uhr) plus Pfand (20 €) bezahlt man am Schalter 3 *(trein en fiets)*, das Rad bekommt man dann bei den Schließfächern. Ausweis nicht vergessen!

Stadtrundfahrten

Mit der Kutsche: Pferdekutschen am Marktplatz, 30 Min. Rundfahrt 35 €.

Mit dem Boot: Grachtenrundfahrten tgl. 10–18 Uhr in kurzen Abständen, verschiedene Ablegestellen zwischen Huidenvettersplein und Nieuwstraat.

Mit dem Rad: Geführte Fahrradtouren auf Englisch: QuasiMundo Biketours, tgl. 10 Uhr (zweieinhalbstündige Stadtrundfahrt), 13 Uhr (vierstündige Tour in die Umgebung); Treffpunkt Burgplein; 24 € incl. Räder und einem Getränk. Tel. 050/33 07 75, www.quasimundo.be

Ausgehen

Dreupelhuisje: Kemelstraat 9, Di geschl.
Kleine nette Kneipe, junges Publikum; über hundert Geneversorten warten auf mutige Zecher.

L'Estaminet: Park 5 (Astridpark).
Taverne und Musikkneipe direkt am Park; Rock, Blues und Jazz bis in die frühen Morgenstunden, kleine Gerichte.

Pick: Eiermarkt 12.
Großer Club mit mehreren Bars und Tanzflächen, Terrasse zum Luftholen.

Ma Rica Rokk: ′t Zand 6.
Allgemeiner Treffpunkt vor oder statt dem abendlichen Ausgehen mit großer Terrasse und guten Cocktails.

Lokkedize: Korte Vuldersstraat 3.
Angenehmes *eetcafé* mit aktueller Mu-

sik, Jazz, Rock, der richtige Ort für einen Absacker.

Einkaufen

Läden und Boutiquen finden Sie vor allem auf der Steenstraat, Geldmuntstraat und der Noordzandstraat

The Chocolate Line:
Simon Stevinplein 19.
Handgemachte Pralinen, beste Schokolade.

Kantjuweeltje:
Philip Stockstraat 11. Spitze.

Märkte: Fischmarkt: Di–Sa vormittag; 't Zand: Sa vormittag Lebensmittelmarkt; Burg: Mi vormittag Lebensmittelmarkt; Dijver: Sa, So nachmittag Trödelmarkt (April–Okt.).

Feste & Unterhaltung

Heilig-Bloed-Processie: Jedes Jahr am Himmelfahrtstag ab 15 Uhr.

Praalstoet van de Gouden Boom (Fest des Goldenen Baums): Umzug in historischen Kostümen; alle fünf Jahre am letzten Augustwochenende; nächstes Mal 2012 (s. S. 20)

Cactus: Musikfestival im Minnewaterpark (World Music) am ersten Wochenende im Juli.

In&Uit Brugge:
8000 Brugge, 't Zand 34 (Concertgebouw), Tel. 050/44 46 46, Fax 050/44 46 45, www.brugge.be.

B&B Gheeraert:
Ridderstraat 9, Tel. 050/33 56 27; www.bb-bruges.be, DZ 65 €.
Große Zimmer mit Blick in den Garten.

t'Geerwijn: Geerwijnstraat 14,
Tel. 050/34 05 44, www.geerwijn.be, DZ 65–70 €.
Bed & Breakfast in einem schönen Brügger Backsteinhaus mit freundlicher Wirtsfamilie, Fahrradverleih.

De Pauw: Sint-Gilliskerkhof 8,
Tel. 050/33 71 18, www.hoteldepauw.be, DZ 70 €.
Kleines Familienhotel (8 Zimmer) etwas abseits des Touristenrummels an einem ruhigen Platz, nicht alle Zimmer haben ein eigenes Bad.

Jacobs: Baliestraat 1,
Tel. 050/33 98 31,
www.hoteljacobs.be, DZ 75–95 €.
Sehr stimmungsvolles altes Haus an einem ruhigen Platz, komfortable, nicht besonders große Zimmer, alle mit Bad, ein größeres Familienzimmer. Fahrradverleih.

Patritius: Ridderstraat 11,
Tel. 050/33 84 54,
www.hotelpatritius.be, DZ 70–120 €.
In einem Empirehaus mit kühn geschwungener Treppe, schön renoviert, 16 geräumige, ruhige Zimmer, Garten, Parkplatz.

Hotel 't Koffieboontje:
Hallestraat 4, Tel. 050/33 80 27,
www.hotel-koffieboontje.be,
DZ 120 €, im Winter oft Sonderpreise.
Direkt im Zentrum, bequeme, geräumige Zimmer mit allem Komfort, kleines Restaurant, Fahrradverleih.

Egmond: Minnewater 15,
Tel. 050/34 14 45, www.egmond.be,
DZ 98–140 €.
Kleines, romantisches Hotel mit Garten direkt am Beginenhof, trotzdem ganz ruhig, auch mit 3-Bett- und Familienzimmern (plus 2 Kinder). Achtung: keine Kreditkarten.

Hotel Prinsenhof:
Ontvangersstraat 9,
Tel. 050/34 26
90,www.prinsenhof.com,
DZ 125–200 €.
Kleines luxuriöses Haus (19 Zimmer) mit Garten, großzügige Zimmer.

Die Swaene:
Steenhouwersdijk 1, Tel. 050/3427

98, www.dieswaene.com,
DZ 195–235 €.
Eines der Spitzenhotels der Stadt, mit Wintergarten, Pool, ruhigem Innenhof, aufwändig möblierten Zimmern. Mit Restaurant (Spezialarrangements möglich).

Jugendherbergen und Hostels
Jeugdherberg Europa:
Baron Ruzettelaan 143,
Tel. 050/35 26 79, Fax 35 37 32,
www.vjh.be, 15,40 €.
1,5 km außerhalb des Zentrums, Zimmer für Gruppen und Familien.
Snuffel Backpacker Hostel:
Ezelstraat 47/49,
Tel. 050/33 31 33, Fax 33 32 50,
www.snuffel.be,
DZ 15–17 €.
Zimmer für Gruppen und Familien, gutes Restaurant.

Hostel Charlie Rockets:
Hoogstraat 19,
Tel 050/33 06 60, Fax 34 36 30,
www.charlierockets.com
Backpacker-Hostel mitten im Geschehen, 16 € im 4er-Zimmer, DZ möglich, unten Café-Bar mit TexMex-Snacks.
Camping
Memling, Veltemweg 109,
8310 St-Kruis, Tel./Fax 05/35 58 45,
www.camping-memling.be,
ganzjährig geöffnet.
Ruhiger, schattiger Platz 2 km außerhalb der Stadt, mit Cafeteria.

Het Dagelijks Brood:
Philip Stockstraat 21
Suppen 4 €, Quiches 8,50 €.
Frühstück und Snacks am langen, gemeinschaftlichen Holztisch, wunderbares Bauernbrot, hausgemachte Marmeladen, gute Sandwiches.

Marktplatz in Brügge

Craenenburg:
Markt 16
Hauptgerichte ab 15 €, Snacks ab 7 €.
Geräumiges Restaurant mit großer Karte, Gerichte für jeden Geschmack und Geldbeutel, und das im Schatten des Belfrieds.

In de Witten Kop:
Sint-Jacobsstraat 14, So geschl.
Hauptgerichte 13–16 €, Menü 28 €.
Gemütliche kleine Kneipe mit kleinen Gerichten zu moderaten Preisen.

De Stoepa:
Oostmeers 124 (Ecke Eiland),
Tel. 050/330454, www.stoepa.be,
tgl. 11.30–2 Uhr, Mo geschl.,
Spaghetti 6,50 €, Wokgerichte 11–14 €, *hapjes* 5 €.
Gemütliche Kneipe mit Innenhof und Außenterrasse in Bahnhofsnähe

De Breydel en De Coninck:
Breydelstraat 24 (Burg),
Tel. 050/33 97 46, Di, Mi geschl.
Hauptgericht um 20 €.
Hierher kommen die Brügger zum Muschelessen (Muscheln ab 17,50 €).

Huyze die Maene: Markt 17.
tgl. durchgehend geöffnet,
Hauptgerichte 18–25 €, Fisch teurer.
Im Zentrum des Touristenrummels, dennoch: gute Küche, freundlicher Service, nicht überteuert. Neben den gängigen Gerichten auch wechselnde Tageskarte, mit der der Koch zeigt, was er kann.

`t Pandreitje: Pandreitje 6,
Tel. 050/33 11 90, Mi und So geschl.,
Hauptgerichte um 40 €.
Hübsches Lokal mit abwechslungsreichen Fisch- und Fleischgerichten; Kindermenü.

De Karmeliet:
Langestraat 19, Tel. 050/33 82 59,
www.dekarmeliet.be,
So abend, Mo geschl. Menü 95/125 €.
Das beste Lokal der Stadt und eines der besten Belgiens, 3 Sterne! Kreative Küche, teilweise sehr ungewöhnliche Kombinationen.

Mit dem **Auto:** Wer mit dem Auto kommt, stellt es am besten sofort im Parkhaus Centrum auf dem Zand am westlichen Rand der Innenstadt ab, Einfahrt vom Ring aus im Tunnel (1225 Plätze).

Führt von Brügge nach Damme: der Kanal Damse Vaart

Mit dem **Zug:** Brügge liegt an der Intercitystrecke Brüssel–Gent–Oostende und wird im Stundentakt angefahren. ebenfalls stündlich verkehren Züge von und nach Knokke bzw. Blankenberge.

Ziele in der Umgebung

Mit dem **Rad** am Kanal entlang über Damme hinaus bis ins niederländische Sluis (s. Tour 2, S. 110/111).
Mit dem **Raddampfer** S. W. Lamme Goedzak nach Damme, Abfahrt Noorweegse Kaai 31, April–Sept. tgl. 10, 12, 14, 16.20, 18 Uhr, einfache Fahrt 5,50 € (35 Min.).

Damme (F 3)

Damme wurde wohlhabend als Vorhafen Brügges und geriet in Vergessenheit, als auch hier der Zwin versandete. Die Folge: Rathaus, Marktplatz und Kirche schmücken ein ansonsten bedeutungslos gewordenes Städtchen mit 11 000 Einwohnern, das heute hauptsächlich von den Touristen lebt, die sich einmal von Brügge erholen wollen.

Sehenswert

Rathaus: Das anmutige gotische Rathaus mit Türmchen, Treppenloggia und Figurenschmuck wurde 1468 errichtet. Davor steht die Statue des hoch verehrten flämischen Dichters Jacob Van Maerlant, der die niederländische Sprache im 18. Jh. literaturfähig machte.
Sint-Janshospitaal:
Kerkstraat 33,
tgl. 11–12, 14–16.30 Uhr,
Mo, Fr nur nachmittags.
Das romanische Gebäude (1250), einst ein Krankenhaus, beherbergt eine Sammlung von Möbelstücken, liturgischen Geräten und Gemälden.
Liebfrauenkirche: Die gewaltige Kirche wurde begonnen, als Damme seiner Blütezeit entgegensah, doch noch bevor sie vollendet war, geriet die Stadt in Vergessenheit. Unvollendet, sogar teilweise wieder abgerissen, passen die heutigen Ausmaße besser zur Größe der Stadt.
Till-Eulenspiegel-Denkmal: Der flämische Tijl Uilenspiegel ist nicht nur ein Schalk oder Narr. Der aus Damme stammende Dichter Charles de Coster (1827–79) hat aus ihm einen Freiheitskämpfer gegen die spanischen Besatzer gemacht und damit ein bis heute beliebtes Volksepos geschaffen.Ein kleines Museum für Till Eulenspiegel befindet sich im Fremdenverkehrsamt.

DvT-VVV & Cultuur & Recreatie: 8340 Damme,
Jacob Van Maerlantstraat 3,
Tel. 050/28 86 10, Fax 050/37 00 21,
www.damme.be.

't Trompetje:
Kerkstraat 30,
Tel. 050/50 04 96, DZ 40–50 €.
4 kleine Zimmer über dem Café, Bad und WC auf dem Gang.
De Gulden Kogge:
Damse Vaart Zuid 12,
Tel. 050/ 35 42 17, Fax 35 42 17,
DZ 40 €.
Gemütlicher Gasthof mit 8 Zimmern etwas außerhalb der Stadt direkt am Kanal, ruhig, mit Restaurant.
Camping
Hoeke: Damse Vaart Oost im nahegelegenen Hoeke, Tel. 050/50 04 96.
Ruhiger, grüner Platz am Kanal, einfache Ausstattung.

Brasserie 't Hemeltje:
Kerkstraat 46.
Einfaches Lokal mit Terrasse nach hinten, wechselnde Tagesgerichte.

Siphon:
Damsevaart Oost 1,
Tel. 050/60 02 02,
www.siphon.be,
Do, Fr geschlossen,
Hauptgerichte um 25 €
Gemütliches Restaurant am Kanal mit ehrlicher traditioneller belgischer Küche: Fisch von der Küste, Fleisch aus der Umgebung.

Mit dem **Bus:** Linie 799, alle 2 Std. ab Brügge Bahnhof und Brügge Markt nach Damme und zurück, nur von Ostern bis Ende Sept.

De Haan (D 3)

De Haan (10 000 Einwohner) ist an vielen Stellen noch so, wie es vor hundert Jahren in die Dünen hineingezaubert wurde: Stilvolle Villen in Jugendstil und Art Déco, repräsentative Hotels, viel Grün – sogar die Haltestelle der Küstenstraßenbahn ist noch original erhalten. Mit der Schwestergemeinde Wenduine und den Polderdörfern Klemskerke und Vlissegem zieht es eher Urlauber an, die ein ruhiges Plätzchen zu schätzen wissen. Dass der Strand nicht mit Hochhäusern zugebaut wurde, gibt dem Ort ein besonderes Flair.

Sehenswert

Tramstation: Wie fast alle Gebäude in De Haan ist auch das Straßenbahnwartehäuschen im verspielten Look der 1920er- und 1930er-Jahre gestaltet.

Sport & Strände

Strand: 11 km flacher Sandstrand in De Haan, 3 km Strand in Wenduine, Sonnenschirme und Strandliegen können gemietet werden.
Schwimmbäder:
Pier 10, Sparrenboslaan 27,
Sunparks, Wenduinesteenweg 150, mit

Am Strand von De Haan

Wildwasserbahn und Wasserrutschen.
Wandern: In dem Wäldchen auf und hinter den Dünen und im Naturschutzgebiet ›De Zandpanne‹ zwischen De Haan und Wenduine kann man schöne Spaziergänge unternehmen und in Wenduine die zweithöchste Düne der belgischen Küste mit dem Häuschen ›Spioenkop‹ besichtigen.
Rad fahren: Die markierte ›Oude Dijkenroute‹ führt durch die Polderlandschaft und die kleinen Bauerndörfer hinter der Küste.
Fahrradverleih: André, Leopoldlaan.
Reiten: Camargue, Drifweg 98; Brits, Grotestrand 130.

Feste & Unterhaltung

Trammelant: Belle-Epoque-Fest mit Oldtimern und originalgetreuen Kostümen am 1. Samstag im Aug.
Krabbenfest mit Riesenumzug am letzten Juliwochenende in Wenduine.

Dienst voor Toerisme: 8420 De Haan, Gemeentehuis, Leopoldlaan 24, Tel. 059/24 21 34; Fax 24 21 36, ww.dehaan.be.
Von Ostern bis September auch in den Tramhaltestellen De Haan und Wenduine.

Canteklaar: Leopoldlaan 4, Tel. 059/27 99 45, www.hotel-canteklaar.be, DZ 75–95 €.
Sieben Zimmer in einer alten frisch renovierten Villa im Ort, sehr stimmungsvoll.
Rubens: Rubenslaan 3, Tel. 059/24 22 00, www.hotel-rubens.be, DZ 83–95 €.
Kleines, sehr freundliches und ruhig gelegenes Haus im Villenviertel; acht Zimmer, geschmackvoll eingerichtet.
Auberge des Rois: Zeedijk-De Haan 1, Tel. 059/23 30 18, www.beachhotel.be, DZ 130–170 €.
Direkt am Strand liegt dieses gediegene Hotel, mit empfehlenswertem Restaurant.
Romantik Manoir Carpe Diem: Prins Karellaan 12, Tel. 059/23 32 20, www.manoircarpediem.com, DZ 135–160 €.
Ruhig im Villenbereich gelegenes Hotel mit Garten und Pool, sehr hübsche, ›romantisch‹ eingerichtete Zimmer.
Ferienwohnungen
Agence Du Coq: Konklijke Baan 32, Tel. 059/25 52 00, Fax 23 60 43, www.ducoq.be.
Häuschen und Apartments.
Camping
De Heide–Minne: Driftweg 210 A, Tel. 059/23 77 65.
Mittelgroßer Platz in den Dünen ganz nah beim Strand.

De Torre: Hans Memlinglaan 2, www.detorre.be.
Pasta 7–9 €, Salate 12–15 €.
Tagsüber ein gemütliches Café mit Terrasse direkt zur Tramhaltestelle und Kleinigkeiten wie broodjes, Pasta und Tapas, abends eine gemütliche Kneipe mit guter Rock- und Popmusik.
Four & Fourchette: Graaf Jansdijk 2, Wenduine, Tel. 050/42 82 30, Hauptgerichte 14–16 €.
Junges, unprätentiöses Lokal mit ambitionierter Küche zu ›demokratischen Preisen‹.
Au Bien Venu: Driftweg 14, Tel. 059/23 32 54, Hauptgerichte 22–30 €, Menü 25,50 €.
Spezialität des Hauses ist eine üppig

bestückte Fischsuppe, auch viele Muschelgerichte.

De Haan ist Haltestelle der **Küstenstraßenbahn.**

Highlight 3

De Panne (A 5)

De Panne – das bezeichnet eine ›Mulde in der Düne‹, und Dünen gibt es hier reichlich. Eine einmalige Dünenlandschaft erstreckt sich rund um den quirligen 10 000-Einwohner-Ort. Trotz der auch hier allgegenwärtigen modernen Apartmenthäuser sieht man dem Ort an, dass er sich in einer Zeit stürmisch entwickelte, in der Art Déco modern war, dieser kantige, weniger liebliche, aber sehr dekorative Nachfolger des Jugendstil. Vor allem im Ortsteil Dumont kann man viele dieser inzwischen denkmalgeschützten Villen und Sommerhäuser entdecken. Darüber hinaus aber ist De Panne eindeutig ein Paradies für Frischluft-Fanatiker, die sich zu jeder Jahreszeit hier von morgens bis abends, zu Wasser oder zu Lande austoben können.Besonders waghalsig sind dabei die Strandsegler, die mit ihren leichten Segelwagen über den breiten Strand sausen.

Sehenswert

Naturschutzgebiet de Westhoek:
340 ha Sanddünen in verschiedenen Phasen des Entstehens, teilweise noch der pure Sand, teilweise schon grün bewachsen, mit typischen Strandpflanzen und Brutstätten für Vögel.

Denkmal für König Leopold I.:
Als die Belgier 1830 nach ihrer erfolgreichen Revolution und der Loslösung von den Niederlanden nach einem eigenen König suchten, kamen sie auf Leopold von Sachsen-Coburg-Gotha. Der ursprünglich deutsche Herzog hatte eine englische Prinzessin geheiratet, die jedoch knapp zwei Jahre nach der Hochzeit gestorben war, und stand nun sozusagen ohne Aufgabe da. Er nahm den Ruf der Belgier an, überquerte den Ärmelkanal, legte in Calais an und betrat in De Panne erstmals den Boden seines künftigen Königreiches.

Sport & Strände

Strand: In De Panne gibt es keine Wellenbrecher, das bedeutet: 5 km ununterbrochener Sandstrand, ideal für einen rasanten Sommersport: **Strandsegeln.** Kurse in den Osterferien, im Juli und Aug. bei
LAZEF
(Nationaler Strandseglerverband),
Dynastielaan 18 bis,
Tel./Fax: 058/41 57 47,
www.strandzeilen.be.

Rad fahren: Eine Reihe ausgeschilderter Radwege führen in die Landschaft hinter der Küste, z. B. Cobergherroute (51 km), Veurne Ambachtroute (48 km), De Moerenroute (39 km). Die Wege sind gut ausgeschildert, eine Karte mit Beschreibung gibt es in der Touristeninformation.

Fahrradverleih:
Arizona, Visserslaan 59,
Tel. 058/41 16 92.
Kempeneers, Zeilweg 1.
Marius, Zeedijk 40,
Tel./Fax: 058/41 30 79.

Reiten: Merlin Ruiters vzw,
Veurnestraat 323,
Tel. 058/41 54 67.
Reitschule, Pferdevermietung. Eine Karte mit Beschreibung der Reitwege gibt es in der Touristeninformation.

Wandern: Viele ausgeschilderte Wanderwege im Naturreservat Westhoek oder im Calmeynbos, einem 1903 angelegten Wald, der die Dünenwanderung aufhalten soll.

Ausgehen

L'Oasis: Duinkerkelaan. 3–5
Cocktails bis spät in die Nacht.

Feste & Unterhaltung

Strandseglerrennen: Ende April und 2. Wochenende im Sept.
Seeweihe: Letztes Juni-Wochenende.

Dienst voor Toerisme: 8660 De Panne, Gemeentehuis, Zeelaan 21, Tel. 058/42 18 18, www.depanne.be.
Das Verkehrsbüro vermietet strandtaugliche Rollstühle, mit denen man sogar ins Wasser fahren kann (1 €/Std. bzw. 5€/Tag).

Montana: Leopold-II-laan 11, Tel. 058/41 18 29, www.hotel-montana.be, DZ 65–85 €.
Familienhotel in Strandnähe, freundliche Zimmer, Restaurant.
Terlinck: Zeelaan 175 (Ecke Zeedijk), Tel. 058/42 01 08, DZ 67 €.
Großes Hotel direkt am Strand, ordentliche Zimmer für bis zu 5 Personen mit Balkon, Restaurant und Tearoom.
Strandpark: Nieuwpoortlaan 151, Tel. 058/42 02 22, www.strandpark.be.
Bungalowpark in den Dünen mit hübschen Häuschen in verschiedenen Größen.
Ferienwohnungen
Agentur Leroy, Duinkerkelaan 116, Tel. 058/42 06 06, Fax 41 11 99, www.agenceleroy.be.
Camping
Zeepark: Nieuwpoortlaan 149, Tel. 058/42 01 38.
Sehr großer Platz direkt am Strand.

Miro: Zeedijk 107. Salat um 10 €.
Helle, freundliche Brasserie-Tearoom mit Terrasse beim Strand, Fischgerichte, frische Salate, Waffeln, gutes Eis.
Baan Thai: Sloepenlaan 22, Tel. 058/41 49 76,
Di, Mi geschl., während der Hauptsaison jeden Tag geöffnet, Hauptgerichte 11–18 €, Menü 25/40 €.
Die thailändische Küche profitiert hier vom stets frischen Fisch und Meeresgetier, das mit duftenden Gewürzen und Kräutern zu herrlich aromatischen Gerichten kombiniert wird.
Hostellerie Le Fox:
Walckierstraat 2, Tel. 058/ 41 28 55, www.hotelfox.be.
Mo, Di geschl. (Juli, Aug. nur Mo).
Hauptgerichte um 50 €, Genießermenü (7 Gänge) 90 €.
Eines der besten Restaurants an der belgischen Küche, 2 Sterne.

Zug: De Panne liegt an der Bahnstrecke Gent–Diksmuide–Veurne, Züge fahren stündlich. Am Bahnhof ist die Endhaltestelle der **Küstenstraßenbahn** De Lijn.

Ziele in der Umgebung

Ins **Moorgebiet de Moeren** (s. Tour 4, S. 114/115).
Wenn man mit Kindern unterwegs ist, muss es einfach einmal sein: Ein Besuch im **Plopsaland,** einem Vergnügungspark mit Samson, Wuzzy und Woppy, einem Zauberwald, Shows und einer Hüpfburg (Adinkerke, de Pannelaan 68, www.plopsaland.be; April–Aug. tgl. 10–18 Uhr, Sept., Okt. nur Mi., Sa, So).

Dendermonde (L/M 6)

Am Zusammenfluss von Dender und Schelde gelegen, weist Dendermonde (43 000 Einwohner) die für ein flämisches Städtchen unentbehrlichen Zutaten auf: Marktplatz, Fleischhalle, Rathaus und prächtige Kirche, alles in massiver Gotik, wenngleich Repliken der im Ersten Weltkrieg zerstörten Gebäude. Die Umgebung der Stadt ist ein Paradies für Radfahrer.

Sehenswert

Grote Markt: Schönes Ensemble aus Rathaus, Fleischhalle und Belfried, im Hintergrund das auffällig quergestreifte Justizgebäude mit hohem Turm.

Onze-Lieve-Vrouwekerk: Bedeutendste Sehenswürdigkeit der gotischen Liebfrauenkirche aus dem 14. Jh. ist ein romanisches Taufbecken mit Szenen aus dem Leben der Apostel Petrus und Paulus.

Begijnhof: Im Beginenhof von 1288 können zwei Wohnungen der frommen Frauen besichtigt werden.

Ausgehen

Café Ahura: Grote Markt 30.
Das nette kleine *eetcafé* mit Terrasse und guter Musik ist am Samstag bis weit nach Mitternacht geöffnet.

Feste & Unterhaltung

Reuzenommegang: Umzug mit den drei Riesen Indiaan, Mars und Goliath am letzten Do im Aug.

Blumenkorso: am 1. So im Sept.

Glockenspielkonzerte vom Belfried jeden So und Mo 11–12 Uhr.

Umzug mit dem Ross Beiaard: Als Verkörperung der sagenhagften Haimonsbrüder reiten auf einer riesigen Pferdefigur vier Jungen durch die Stadt, die der Tradition gemäß ebenfalls Brüder sein müssen. Das Fest findet nur alle 10 Jahre statt (nächstes Mal 2010).

Dienst voor Toerisme: 9200 Dendermonde, Stadhuis, Grote Markt 1, Tel. 052/21 39 56, Fax 052/22 19 40, www.dendermonde.be

't Poorthuis: Franz Courtensstraat 18, Tel. 052/20 19 78, Mo geschl.
Bistro mit Snacks, Suppen und guten Hauptgerichten, reelle Preise.

Arte Shock: Guldenhoofdstraat 2, Tel. 052/22 34 47, Mo, Do geschl., Menü um 30 €.
Gute Atmosphäre, das Essen – französische Küche – ist lecker, die Bedienung manchmal ein wenig nachlässig. Sehr gutes Preis–Leistungsverhältnis.

't Truffeltje:
Bogaertstraat 20, Tel. 052/22 45 90, So abend und Mo geschl., Hauptgerichte 72–86 €.
Dendermondes Spitzenrestaurant, sehr gute französische Küche mit exzellentem Weinangebot.

Diksmuide (C 6)

Diksmuide, eine Kleinstadt von heute 16 000 Einwohnern, ist wie Ypern im Ersten Weltkrieg vollständig zerstört worden; wie dort ist das heutige Stadtbild ein Werk der 1920er-Jahre, die sich um weitgehende Rekonstruktion bemühten. Der Marktplatz und die umgebenden Gebäude mögen heute wieder unversehrt aussehen, die Umgebung kann das Grauen, das sich hier vor 90 Jahren abgespielt hat, nicht vergessen: Auf einer Fahrt über Land vergehen kaum 5 Minuten ohne einen Hinweis auf einen Soldatenfriedhof der belgischen, britischen, kanadischen, französischen oder deutschen Armee.

Sehenswert

Grote Markt: Der Platz mit Rathaus, Belfried, Butterhalle und, etwas dahinter, der Niklaskirche bietet ein schönes Bild flämischer Gediegenheit.

Beginenhof Sint-Godelieve: Die zweistöckigen weißen Häuschen um den grasbewachsenen Platz sind heute Heimstatt für geistig behinderte Erwachsene. Im Laden von Fräulein Sybille kann man von ihnen hergestelltes Kunsthandwerk (Töpferwaren, Seidentücher etc.) kaufen.

Ijzertoren: Am jenseitigen Ufer der Ijzer erhebt sich der hohe Ijzerturm mit den Buchstaben AVV-VVK – ›Alles für Flandern – Flandern für Christus‹. Er ermahnt zum Frieden, ist aber zugleich ein Monument des belgischen Sprachenstreits. Errichtet wurde er durch ein ›Flämisches Komitee zur Heldenverehrung‹, das nach dem Ersten Weltkrieg gegen die Benachteiligung der Flamen gegenüber den Wallonen kämpfte. Der ursprüngliche Turm wurde 1946 in die Luft gesprengt, aus seinen Resten einige Jahre später die Paxpoort (Friedenspforte) gebaut. Von oben genießt man eine prächtige Aussicht über das flache Land.

Museum für Frieden, Freiheit und Toleranz: Ijzerturm,
tgl. 10–17/18 Uhr, 6/3 €.
Die beiden Weltkriege in Bild und Ton, eine beklemmende, aber interessante Vorführung des Wahnsinns, der diese Region zweimal heimsuchte.

Dodengang: Der freigelegte Rest eines Schützengrabens mit einer kleinen Ausstellung von Soldatenbriefen und -zeichnungen dokumentiert das Leben der Soldaten während des Stellungskriegs.

Westoria: Bloemmolens 57,
tgl. 9–18 Uhr, Nov.–Feb. nur Sa, So,
6/3.30 €.
Museum zur Geschichte Westflanderns in einer restaurierten Getreidemühle, mit allen technischen Schikanen wie interaktiven Projektionen und virtual reality.

Sport & Freizeit

Bootsfahrten auf der Ijzer:
Kanu- und Kajakverleih
`t Buitenbeentje,
Vaartstraat 1,
Tel. 051/50 46 27.

Einkaufen

Markttag: Montag

Dienst voor Toerisme:
8600 Diksmuide,
Grote Markt 28,
Tel. 051/51 91 46,
http://tourismus.diksmuide.be.

Polderbloem:
Grote Markt 8,
Tel. 051/50 29 05,
www.polderbloem.be, DZ 64 €.
Direkt am Marktplatz, frisch renoviertes, gemütliches Haus mit guten Restaurant (Spezialität: frischer Aal).

Hotel de Vrede:
Grote Markt 35,
Tel. 051/50 00 38, Fax 51 06 21,
de.vrede@skynet.be; 75 €.
Einfache, zweckmäßige Zimmer.

Brouwershuys:
Grote Markt 19.
Gemütliche Kneipe am Marktplatz mit kleinen Snacks.

Zug: Diksmuide liegt an der Bahnstrecke Gent–De Panne, Züge verkehren stündlich.

Ziele in der Umgebung

Koekelare: Im Käthe-Kollwitz-Turm, einer restaurierten Brauerei-Darre, sind Radierungen der Künstlerin ausgestellt (16. Sept.–14. Juni Di–Fr 9.30–12, 14–17.30, 15. Juni–31. Aug. Sa, So 14–17.30 Uhr).

Vladslo: Nicht weit von Koekelaare liegt auf dem Deutschen Soldatenfriedhof ihr Sohn Peter begraben. Für diesen Friedhof hat Käthe Kollwitz die berühmte Skulptur ›Trauerndes Elternpaar‹ geschaffen: einen in Schmerz erstarrten Vater und eine in sich zusammengesunkene untröstliche Mutter.

Gent (J 5/6)

Gent (235 000 Einwohner), die Hauptstadt Ostflanderns, gehört zum Dreigestirn der flämischen Kunststädte. Im Mittelalter war die Tuchmacherstadt eine bedeutende Handelsmetropole. Anders als Brügge blieb Gent über die Jahrhunderte hellwach und verstand es, sich den wechselnden Bedürfnissen der Industrie und der Märkte anzupassen. Sie entwickelte sich zur zweitgrößten Hafenstadt Belgiens und schuf sich nach dem Niedergang der Textilindustrie mit dem Anbau und der Vermarktung von Gemüse und Blumen ein tragfähiges wirtschaftliches Fundament. Trotz der herrlichen Baudenkmäler aus Gotik, Barock und Jugendstil ist Gent eine junge Stadt: Die Universität sorgt für frischen Wind und eine lebhafte Kneipenszene.

Sehenswert

Stadhuis: Botermarkt, Führungen Mai–Okt. Mo–Do 15 Uhr, 2,50 €.
Das Rathaus zeigt von jeder Seite ein anderes Gesicht: Zur Hoogpoort hin bezeugt es mit hohen Fenstern und figurenbesetzter Fassade einen Baubeginn in hochgotischer Zeit, an der Fassade zum Botermarkt herrschen die wohl proportionierten Formen der Renaissance vor.

Lakenhalle und Belfort:
Emile Braunplein, Turmbesteigung: 15. März–15. Nov. tgl. 10–18 Uhr, 3 €.
Der 96 m hohe Belfried als Symbol der städtischen Freiheiten wird nach oben hin immer prächtiger, an seiner Spitze zeigt ein goldener Drache die Windrichtung an. Das Glockenspiel und die Glocken der Uhr können im Aufstieg besichtigt werden. Die Tuchhalle daneben wurde 1425 begonnen und erst im 19. Jh. vollendet. Der **Mammelokker** zwischen den beiden Gebäuden war das Haus des Gefängniswärters, der Kerker lag unter der Tuchhalle.

Sint-Niklaaskerk:
Di–So 10–17, Mo 14–17 Uhr.
Die Nikolauskirche war das Gebetshaus der Kaufleute und Gildemeister, die seine vielen Kapellen reich ausschmückten.

Highlight 4

Sint-Baafskathedraal:
Sint-Baafsplein,
www.sintbaafskathedraal-gent.be
Genter Altar: April–Okt. tgl. 9.30–17 Uhr, Nov.–März Mo–Sa 10.30–15.30, So 13–15.30 Uhr, 3 €.
Die Bavokathedrale mit dem 80 m hohen Turm birgt neben vielen anderen kostbaren Kunstwerken wie der Rokokokanzel und einem Gemälde von Rubens eines der bedeutendsten Altarbilder der Welt: ›Die Anbetung des Lamm Gottes‹ (Genter Altar), 1432 von den Brüdern Jan und Hubert van Eyck gemalt. 22 Tafeln zeigen eine unendliche

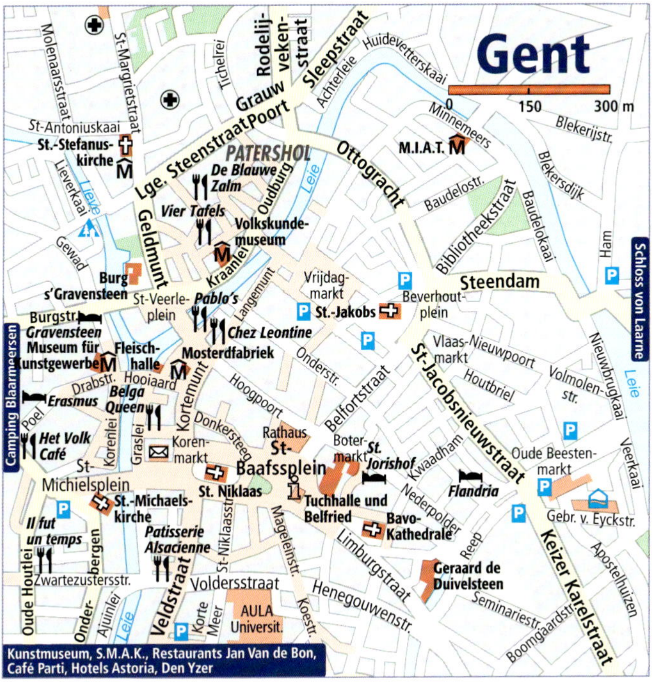

Fülle von Figuren, jede einzelne zugleich lebensnah und von nahezu überirdischer Schönheit. Adam und Eva sowie singende und musizierende Engel flankieren die drei oberen zentralen Tafeln, die Maria, Johannes den Evangelisten und, im Mittelpunkt, einen in rote Gewänder gehüllten Christus als Weltenherrscher zeigen. Darunter zeigt die Haupttafel eine weite flämische Landschaft, aus deren vier Himmelsrichtungen die Gläubigen strömen, um dem Lamm Gottes, das auf einem Altar steht, zu huldigen. Von den übrigen Seitentafeln ist übrigens eine nicht im Original zu sehen: ›Die gerechten Richter‹ wurden 1934 gestohlen und sind bis heute verschollen – ein immer wieder neu aufgelegtes Gerücht behauptet, die Tafel sei bis heute irgendwo in der Kathedrale versteckt.

Sint-Michielskerk (Sankt-Michaelskirche): Michielsplein.
Einen Postkartenblick auf die Türme und Giebel der Stadt bietet die Sint-Michiels-Brücke, die Korenlei und Graslei verbindet. Die gotische Michaelskirche ist reich an Bildwerken und Gemälden darunter eine ›Kreuzigung Christi‹ von A. van Dyck. Der Turm wurde nicht vollendet.
Korenlei und Graslei: An den beiden Kaistraßen, die den alten Leiehafen säumen, stehen die prachtvollen Speicher- und Zunfthäuser mit Fassaden aus Gotik, Renaissance und Barock. Das kleinste ist das alte Zollhaus, das älteste (1200) der romanische *Spijker,* der frühere Getreidespeicher.
Vleeshuis: Die große Fleischhalle (1419) mit den vielen Giebeln war einst die Lager- und Verkaufshalle der Metz-

gerinnung, die sich darin auch eine Kapelle mit schönen Wandmalereien eingerichtet hatte. In den zum Groentenmarkt hin gelegenen winzigen *Penshuisjes* konnten die armen Leute Innereien und Schlachtabfälle kaufen.

Burg Gravensteen: Sint-Veerleplein, April–Sept. tgl. 9–18, Okt.–März tgl. 9–17 Uhr, 8 €.
Auf einer kleinen Anhöhe zwischen Leie und Lieve liegt die 1180 begründete wehrhafte Burg mit einer zinnenbekrönten Mauer und wuchtigem Turm, in dem ein Museum für Folterinstrumente daran erinnert, dass der Bau einst u. a. als Gerichtsort sowie als Gefängnis diente.

Patershol: Das alte Stadtviertel mit krummen Gässchen und originellen Fassaden atmet noch ganz den Geist des Mittelalters.

Vrijdagsmarkt: Der Freitagsmarkt, auf dem seit 900 Jahren der Wochenmarkt stattfindet, wird von alten Zunfthäusern eingerahmt, darunter dem ›Toreken‹, dem Haus der Gerber, mit einem markanten Türmchen. Zu Beginn des 20. Jh. ließen sich die sozialistischen Arbeitervereinigungen ›Ons Huis‹ errichten, doppelt so hoch und so breit wie die alten gotischen Gebäude. Das Monument für Jakob van Artevelde erinnert an dessen Verdienste als Verteidiger der Stadt im Hundertjährigen

Gent kann man notfalls sogar mit dem Kajak besichtigen

Krieg, die Kanone ›Dulle Griet‹ erbeuteten die Genter in einem Feldzug gegen die Burgunder.

Geraard de Duivelsteen: Die 1245 errichtete Burg gehörte dem Ritter Geraard Vilain, Beiname: Der Teufel. In ihr ist heute das Reichsarchiv von Ostflandern untergebracht.

Museum voor Schone Kunsten (Kunstmuseum): Citadelpark, www.mskgent.be, Di–So 10–18 Uhr, 2,50 €.
Eindrucksvolle Sammlung von Werken europäischer Meister vom 14.–20. Jh. mit dem Schwerpunkt auf der flämischen Malerei: Hieronymus Bosch, Peter Paul Rubens, Anthonis van Dyck, Pieter Brueghel, Frans Hals.

Stedelijk Museum voor Actuele Kunst S.M.A.K./ Städtisches Museum für zeitgenössische Kunst:
Citadelpark, www.smak.be,
Di–So 10–18 Uhr, 6 €.
Das S.M.A.K. gehört zu den interessantesten Museen für Gegenwartskunst: Es präsentiert die wichtigsten Kunstströmungen seit 1945, darunter Werke der Gruppe COBRA, von Francis Bacon, Josef Beuys und Panamarenko.

Het Huis van Alijn (Volkskundemuseum): Kraanlei 65,
www.huisvanalijn.be,
Di–So 11–17 Uhr, 2,50 €.
Die kleinen weißen Häuschen dienten einst als Waisenhaus, ab dem 14. Jh. als Hospiz für alleinstehende alte Frauen. Der Name bezieht sich auf die Kinder der Patrizierfamilie Alijn, die im Zuge einer Fehde von der rivalisierenden Familie Rijm ermordet wurden. Als Buße wurde ihnen der Bau dieses Hospizes auferlegt. Heute wird hier das Leben des einfachen Volkes um 1900 gezeigt: Kinderspielzeug, ein Schulzimmer, eine Arbeiterwohnung und Werkstätten von Fassbindern, Wachsziehern u. a.

Design Museum:
Jan Breydelstraat 5,
www.designmuseumgent.be,
Di–So 10–18 Uhr, 5 €.
Das schöne Rokokohaus des reichen Leinwandhändlers Ferdinand Johan de Coninck belegt mit einer Sammlung kunstvoller Möbel, Vertäfelungen, Seidentapeten, Kronleuchter und Porzellan, wie die wohlhabenden Genter Bürger im 17. und 18. Jh. lebten. Im Anbau eine erlesene Sammlung von Jugendstil- und Art-Déco-Objekten sowie Beispiele für zeitgenössisches belgisches und internationales Design.

Museum voor Industriele Archeologie en Textiel (M.I.A.T.; Textilmuseum):
Minnemeers 9,
www.miat.gent.be,
Di–So 10–18 Uhr, 5 €.
Die Industrielle Revolution begann mit der Mechanisierung der Webstühle und veränderte das Leben nicht nur der Weber und Tuchmacher in Gent. Das Museum besitzt nicht nur eine bedeutende Sammlung früher Maschinen, sondern zeigt auch die sozialen und kulturellen Folgen wie Kinderarbeit und Frauenarbeit.

Stadtrundfahrten

Bootsrundfahrten auf Graslei und Korenlei: tgl. 10–18 Uhr, 5–9 €.

Ausgehen

Vooruit:
Sint-Pietersnieuwstraat 23,
Tel. 09/267 28 28 (Info und Reservierungen), www.vooruit.be.
Kulturzentrum mit Ausstellungen, Kino, Theateraufführungen, Konzerten, Sessions, Lesungen usw. Angenehme, große Kneipe im Erdgeschoss.

Senf von Tierenteijn

Nicht ganz so alt wie die gotischen Häuser und Brücken, aber doch fast 150 Jahre alt ist die **Mosterdfabriek Tierenteijn-Verlent** am Groentenmarkt 3, ein altmodischer ›Spezereienladen‹ von 1858, in dem man Kräuter, Gewürze und eingelegtes Gemüse bekommt. Berühmt ist der Hausmachersenf, der frisch in kleine Steinguttöpfchen abgefüllt wird.

Backstage:
Sint-Pietersnieuwstraat 128,
Tel. 09/233 35 35.
Club in der alten Druckerei der sozialistischen Zeitung Vooruit, Bar, Ausstellungen, bis 3 Uhr morgens geöffnet.
Het Waterhuis aan de Bierkant:
Groentemarkt.
Der Abend wird nicht ausreichen, die 100 belgischen Biersorten zu probieren.
t'Dreupelkot: Groentemarkt.
Das Paradies für Genevertrinker.
Lazy River Jazz Club:
Stadhuissteeg 5.
Jeden Freitag abend live Musik.
Viele Cafés und Clubs finden sich auch im **Univiertel** im Südosten der Stadt, vor allem entlang der **Sint-Pietersnieuwstraat** und um den **Sint-Pietersplein.**

Einkaufen

Einkaufsstraßen: Kouter, Volderstraat (Haute Couture), Veldstraat (Kaufhäuser wie M&S, H&M oder Pimkie), Brabantdam, Vlaanderenstraat, Vrijdagmarkt.
Spitze: Kloskanthuis, Korenlei 3.
Echte handgeklöppelte Spitzen, handgewebte Tisch- und Bettwäsche.
Märkte:
Vogelmarkt am Vrijdagmarkt, So 7–13 Uhr: Vögel und andere Haustiere.
Blumenmarkt am Kouter, tgl. 7–13 Uhr: Blumen, Topf- und Zimmerpflanzen, Stauden etc.
Antiekmarkt, Bij Sint-Jacobs, Fr, Sa 8–13 Uhr: Antiquitäten, Trödel.
Fahrradmarkt, Reep, So 7–13 Uhr

Feste & Unterhaltung

Gentse Feesten: Großes Kultur- und Volksfest mit mit Straßentheater, Umzügen, Tanz, Musik, eingeläutet vom *Belleman* mit der Glocke, 10 Tage lang ab Mitte Juli.

Dienst voor Toerisme Gent: Raadskelder Belfort, Botermarkt 17A, 9000 Gent, Tel. 09/266 52 32, Fax 225 62 88, www.visitgent.be, toerisme@gent.be.

use-it
Sint-Pietersnieuwstraat 21, Tel. 09/324 39 06. www.use-it.be.
Anlaufstelle für alle unter 25 mit guten Infos zu günstiger Unterkunft, Clubs, Konzerten, Shopping usw.

Flandria:
Barrestraat 3, Tel. 09/223 06 26, www.flandria-centrum.be, DZ 46–60 €.
Gut erhaltenes altes Haus mit freundlichem, hilfreichem Wirtsehepaar, große Zimmer mit bis zu 4 Betten, nicht alle mit Bad.

Den Yzer Gent:
Vlaanderenstraat 117 Tel. 09/234 32 53, www.hoteldenyzer.be DZ 55–98 €.
Einfaches Hotel in einer belebten zentrumsnahen Straße, im Haus eine Brasserie für den nächtlichen Absacker.

Hotel Astoria:
Achilles Musschestraat 39, Tel. 09/222 84 13, www.astoria.be, DZ 66–99 €.
Sehr schönes Hotel mit Garten hinter dem Sint-Pieters-Bahnhof, gepflegte Zimmer, Parkmöglichkeit, Tram 21, 22 in die Stadt.

Erasmus:
Poel 25, Tel. 09/224 21 95, www.erasmushotel.be DZ 100–130 €.
Elf gediegen eingerichtete Zimmer in einem schönen alten Genter Bürgerhaus nicht weit von Gras- und Korenlei. Auch Familienzimmer (4 Betten) verfügbar. Kleiner Garten mit Terrasse.

Gravensteen: Jan Breydelstraat 35, Tel. 09/225 11 50, www.gravensteen.be, DZ 115–165 €.
Direkt gegenüber der Burg. Angenehme Atmosphäre, stilvolle, aber teilweise kleine Zimmer, Bar, Parkplatz.

Sint-Jorishof: Botermarkt 2, Tel. 09/224 24 24, www.courstgeorges.com, DZ 125–200 €.
Eines der ältesten Hotels Europas (von 1228), direkt gegenüber dem Rathaus, die meisten der gediegen ausgestatteten Zimmer liegen in den (ebenfalls ehrwürdigen) Nebenhäusern. Parkmöglichkeit. Restaurant mit Rittersaal-Ambiente.

Jugendherberge:
De Draecke, Sint-Widostraat 11 (Gravensteen), Tel. 09/233 70 50, Fax 09/233 80 01, www.ghent-hostel.com, ab 17,50 € im Mehrbettzimmer, 21,80 im DZ.

Camping
Blaarmeersen: Zuiderlaan 12, Tel. 09/266 81 60, www.gent.be/blaarmeersen.
Zeltplatz in einem Naturreservat mit Bademöglichkeit. Frittenbude, Lebensmittelgeschäft, gute Ausstattung, auch einige Trekkerhütten.

Bed&Breakfast

Bei der Touristeninformation Gent ist eine Broschüre erhältlich, die Gästezimmer in Privathaushalten auflistet. Die Zimmer sind angenehm, jeweils mit Bad/Dusche und WC, die Preise moderat.

Studentenwohnheime

Gent ist eine Universitätsstadt, doch in den Semesterferien sind die Studenten ausgeflogen. Von Mitte Juli bis Mitte Sept. kann man daher unter der Woche für ca. 15 € pro Nacht ein Zimmer in einem der Wohnheime im Südosten der Stadt mieten: Home Vermeylen, Stalhof 6, Tel. 09/264 71 12.

Patisserie Alsacienne Bloch:
Veldstraat 60.
Wunderbar altmodisches Kaffeehaus mit guten Kuchen, aber auch Snacks wie Quiche oder Gemüseeintopf, gern besuchter Rastpunkt beim Einkaufsbummel.

Il fut un temps:
Zwarte Zustersstraat 32,
Hauptgerichte um 9 €.
Café mit vegetarischen Gerichten, Pasta, Aufläufe, *broodjes,* im Sommer lockt der kleine Garten

Café Parti:
Koningin Maria Hendrikaplein 65A,
Gerichte um 20 €.
Großes Restaurant mit kosmopolitischer Küche, zugleich Warteraum für ein Reisebüro, alles nahe St-Pieters Stationn. Pures Design in braun-grau, grün und rot. Sandwiches, Pasta, kleine Wok-Spezialitäten, aber auch richtige Menüs, Frühstück und Nachmittagstee.

Pablo's: Kleiner Vismarkt 2,
Hauptgerichte um 11–17 €.
TexMex-Küche mit Tortillas und Enchiladas, frische Salate, im Sommer Terrasse zur Leie.

Chez Leontine:
Groentenmarkt 10, 11,
Tel. 09/225 92 56,
www.waterhuisaandebierkant.be,
Hauptgerichte um 17 €.
Das kleine, etwas vollgeräumte Lokal ist zwar ein beliebter Anlaufpunkt für Touristen, aber trotzdem ein guter Tipp für typisch belgische Speisen wie Genter *waterzooi* und flämischen *karbonaden*, die hier in großen Portionen auf den Tisch kommen.

Het Volk Café:
Poel 7,
Tel. 09/265 44 70,
Hauptgerichte um 18 €, günstige Tagesgerichte.
Angenehmes, ruhiges Lokal mit viel Platz, um sich nach dem Stadtbummel zu erholen.

Vier Tafels:
Plotersgracht 6 (Patershol),
Tel. 09/225 05 25,
Hauptgerichte ab 15 €.
Küchen aus allen vier Ecken der Welt haben ihren Beitrag zur fantasievollen Speisekarte geleistet, z. B. ungarisches Sataras, kongolesisches Moambe, Fleisch vom Krokodil und vom Strauß, auch eine Auswahl an vegetarischen Gerichten.

Belga Queen:
Graslei 10,
Tel. 09/280 01 00,
www.belgaqueen.be.
Menü ab 30 €, Hauptgerichte 20–40 €.
Das angesagteste Restaurant in Gent: Innovative Gerichte, die aus belgischen Klassikern entwickelt wurden. Für das Lokal wurde ein romanischer Kornspeicher aus dem 13. Jh. umgebaut. Besuchenswert auch die Zigarrenlounge, die Bar und – die Toiletten.

De Blauwe Zalm:
Vrouwebroersstraat 2,
Tel. 09/224 08 52,
Sa und Mo mittags sowie So geschl.,
Hauptgerichte ab 25 €,
Menü ab 28 €.

Fischrestaurant der gehobenen Klasse, mit Blick in die Küche, wo der Koch Danny de Glein wunderbare Fischgerichte zaubert, etwa Schwertfisch mit Oliven-Kräutersauce. Guter Hauswein.

Zug: regelmäßige Intercityverbindung Brüssel–Gent und Antwerpen–Gent, 2x pro Stunde, nach Brügge etwa 4 x stündlich. Innerhalb der Stadt bewegt man sich am besten mit der **Straßenbahn** fort. Die Bahnen verkehren häufig und bis gegen Mitternacht, das Haltestellennetz ist dicht. **Fahrradverleih** am Bahnhof St. Pieter, Kon. Maria Hendrika-Plein, Tel. 09/241 22 42.

Ziele in der Umgebung

Bootsfahrt auf der Leie, z. B. in die Malerdörfer Deurle und Sint-Martens-Latem (s. S. 89), Recollettenlei, 13.30–18.30 Uhr, Mai: Di und So, Juni, Sept: Di, Do So, Juli, Aug.: Mo, Mi, Sa, So, Tel. 09/225 15 05, www.benelux-rederij.com, 14 €.

Schloss von Laarne: 10 km östlich von Gent. Die im 18. Jh. zum Lustschloss umgebaute Burg mit vier spitzen Türmen steht inmitten eines Teichs und ist über eine dreibogige Brücke zugänglich. Eine Ausstellung zeigt kunstvolle Möbel und eine Silbersammlung. 15. April–30. Okt. So 14–17.30 Uhr, Juli/Aug. auch Di, Mi, Do, Sa.

Blumenmarkt auf dem Kouter in Gent

Ieper (Ypern) (C 8)

Ieper wurde im Ersten Weltkrieg so vollständig zerstört, dass heute nur noch Repliken der einstigen Kunstschätze zu betrachten sind. Diese allerdings sind einen Besuch allemal wert, denn Ypern war einst eine mächtige Kaufmannsstadt, die durch den Handel mit flämischem Tuch immens reich wurde. Heute ist es ein gemütliches Provinzstädtchen von 35 000 Einwohnern mit vielen Sehenswürdigkeiten und einladenden Kneipen und Restaurants.

Highlight 5

Lakenhalle: Der riesige, doch wohlproportionierte Bau mit der 132 m langen Fassade und dem wuchtigen Turm stammt ursprünglich aus dem 13. Jh. Durch einen Stichkanal konnten die Lastkähne in den großen Innenhof fahren. An die Schmalseite ist das schöne Renaissance-Rathaus angebaut, das gegen die riesige Halle zwergenhaft wirkt.

Sehenswert

Menenpoort: Dieses Tor in Form eines Triumphbogens erinnert an die unzähligen britischen Soldaten aus allen Teilen des Empires, die in der mörderischen Stellungsschlacht um Ypern fielen: In die Wände des Tors sind die Namen von 34 888 Soldaten eingraviert. Jeden Abend um 20 Uhr wird an dieser Stelle zu ihren Ehren *The Last Post,* der Zapfenstreich, geblasen.

Festungsanlagen: Die starken Festungsanlagen südlich der Innenstadt sind heute ein schönes Spazierrevier. Eine ausgeschilderte Route beginnt beim Pulvermagazin *(Kruitmagazijn,* esplanade) und führt vorbei an Türmen und Toren aus dem 14. Jh. bis zur Menenpoort (s. o.).

In Flanders Fields: Lakenhal, Grote Markt 34, www.inflandersfields.be, tgl. 10–18 Uhr, Okt.–März Di–So 10–17 Uhr, Jan. geschl., 5/2,50 €.
Eindrucksvolle multimediale Show über den Ersten Weltkrieg.

Feste & Unterhaltung

Katzenfest am 2. Sonntag im Mai, bei dem Katzen (aus Plüsch) vom Belfried geworfen werden, um die bösen Geister auszutreiben.

Kattestoet: Alle drei Jahre großer Umzug mit riesigen Katzen- und anderen Tierfiguren (nächstes Mal: 2009, 2012).

Toerisme Ieper: 8900 Ieper, Grote Markt 34, Tel. 057/23 92 20, Fax 23 92 75, www.ieper.be.

Hotel Sultan: Grote Markt 33, Tel. 057/21 90 30, www.sultan.be, 75–80 €.
Einfach ausgestattetes Hotel mit herrlichem Blick auf die Tuchhalle.

Albion: Sint-Jacobsstraat 28, Tel. 057/20 02 20, www.albionhotel.be, DZ 110 €.
Romantisch im Stil von William Blake eingerichtetes Hotel, das sich auf britische Gäste spezialisiert hat.

In 't Klein Stadhuis: Grote Markt 32, Tel. 057/21 55 42, Hauptgerichte ab 15 €.
Im ›Kleinen Rathaus‹ kann man nicht nur sehr gut essen, sondern auch Live-Konzerte hören.

Pacific Eiland: Eiland 2, Tel. 057/20 05 28, Mo abend, Di geschl., Hauptgerichte 20–26 €.
Mitten im Grünen befindet sich dieses Restaurant, in dem von Snack bis zum mehrgängigen Menü alles möglich ist.

Frische Produkte, alles hausgemacht.
De Waterpoort: Brugseweg 43, Tel. 057/20 54 52, www.waterpoort.be, Mi und Sa mittag geschl.
Kinderfreundliches Lokal am alten Schleusenhaus, Garten, Grillgerichte.
Het Zilveren Hoofd de Ecurie: Rijselsestraat 49, Tel. 057/21 73 78, www.hetzilverenhoofd.be, So abend, Mo geschl., Tagesmenü 15 €.
Snacks und Fassbier gibt es im Silbernen Haupt, gute Hauptgerichte in der Ecurie, einem umgebauten Pferdestall.

Zug: Verbindung Brüssel–Oudenaarde–Kortrijk–Ieper, stündlich.

Ziele in der Umgebung

Bellewaerde Park, Meenseweg 497, tgl. 10–18 Uhr, 22,50 €.
Freizeitpark mit Fahrgeschäften, exotischen Tieren etc.

Knokke-Heist (E/F 2)

Knokke (33 000 Einwohner) hat das feinste und berühmteste Kasino, die schönsten und fantasievollsten Villen, die exklusivsten Geschäfte, die schicksten Restaurants, es ist, kurzum, das teuerste Pflaster der belgischen Küste. Wer es schlichter liebt, lässt sich im Ortsteil Heist nieder, wo es etwas familiärer zugeht.

Sehenswert

Casino Kursaal Knokke: Zeedijk-Albertstrand 509, www.casinoknokke.be, tgl. 15–6 Uhr, Spielautomaten bereits ab 9 Uhr, Zugang ab 21 Jahren.
Die schönste Spielhölle der belgischen Küste, ausgestattet im Art-Déco-Stil, rühmt sich des größten venezianischen Kronleuchters der Welt. Der große Festsaal ist mit Wandgemälden nach Motiven von Magritte ausgemalt, außerdem gibt es von Keith Haring und Paul Delvaux gestaltete Räume. Im Casino werden übrigens auch regelmäßig Konzerte unterschiedlicher Art veranstaltet.
Leuchtturm von Heist: Elisabethlaan.
Längst nicht mehr in Betrieb, doch einst ein Vorreiter der Moderne: Der 34 m hohe Turm ist der erste seiner Art an der Küste, der aus Beton gebaut wurde, und zwar in den Formen des Jugendstils. Einsam steht er heute auf einer freien Fläche am westlichen Rand von Heist.
Visserskapel: Albatrosstraat.
Die kleine Kapelle diente seit 1854 den Fischern als Andachtsstätte. Die modernen Fenster bezeugen die Gewalt der Elemente un die Kraft des Wassers. An den Wänden sind Rahmen Form von Rettungsringen aufgehängt, in denen Fotos vermisster oder ertrunkener Fischer zu sehen sind.
Heemkundig Museum Sincfala van Polder en Visserij: Pannestraat 140, www.sincfala.be, tgl. 10–12, 14–17.30 Uhr, 15. Nov.–15. März außerhalb der Ferien Mi geschl., 3,50/1,75 €.

Zeedijk Knokke

Der Zeedijk von Knokke-Heist weist eine beträchtliche Länge auf und umfasst weit mehr als 800 Hausnummern, oft weiß man daher nicht, auf welcher Höhe man mit der Suche nach einer Adresse beginnen soll. Zur Orientierung:

1–299	Heist
300–430	Duinbergen
431–589	Albertstrand
590–700	Knokke
ab 701	Het Zoute

Ein Schulhaus aus dem 19. Jh. beherbergt diese Dokumentation zur Tradition der Nordseefischerei und zum Leben der Polderbauern.

6

Highlight

Het Zoute: Im Villenviertel im Osten des Ortes stehen viele große, weißgetünchte, manchmal sogar mit Reet gedeckte Häuser. Am schönsten ist es, zu Fuß oder mit dem Rad vom Rathaus aus durch die Elisabethlaan und ihr Nebenstraßen zu bummeln.

Vlindertuin: Bronlaan 14 (Heist),
www.vlindertuin-knokke.be,
Ende März– Anfang Okt.
tgl. 10– 17.30 Uhr, 4,80/3,90 €.
Bunt schillernde Schmetterlinge in erstaunlichen Größen schaukeln durch ein mit tropischen Pflanzen gefülltes Glashaus, ein guter Tipp für trübe oder kalte Tage.

7

Highlight

Het Zwin: Gr. L. Lippensdreef 8,
http://zwin.be,
Ostern–Sept. tgl. 9–19, Okt.–Ostern Do–Di 9–17 Uhr, 5,20/3,20 €,
ab Knokke-Bahnhof mit Bus Nr. 13.
In der Mündung des versandeten Meeresarms Zwin, einem schlickigen Feuchtgebiet, hat sich ein einzigartiges Vogelschutzgebiet entwickelt, in dem Enten und Gänse, Störche, Löffler, Austernfischer, Eulen und viele andere Vögel leben. Im Frühjahr treffen sich tausende von Zugvögeln zu einem Zwischenstopp. Gummistiefel mitnehmen!

Sport & Strände

Baden: 5 verschiedene, insgesamt 12 km lange **Badestrände** für jedes Publikum, vom Familienbad Heist, zum mondänen Knokke; **Schwimmbad:** de Raan, Parkstraat/Zeedijk, Heist.
Golf: Royal Zoute Golf Club, Caddiespad 14, 8300 Knokke Het Zoute, Tel. 050/601 61 7.
Rad fahren: Mehrere ausgeschilderte Radtouren, z. B. die 52 km lange Maerlantroute durch ehemaliges Moorgebiet oder die Riante Polderroute durch die Bauernlandschaft des belgisch-holländischen Grenzgebietes. Fahrradverleih: Bahnhof Knokke-Heist.
Segeln und Windsurfen: VVW Heist, Zeedijk-Heist 197; RBSC Duinbergen, am Strand bei de Wandelaar. Auch Kitesurfen, Strandsegeln, Katamaran, Skinboard, Kiting.
Naturschutzgebiete: In Knokke befinden sich einige kleine Feucht- und Dünengebiete, die sich die Natur teilweise erst in den letzten Jahren wieder zurückerobert hat. Jedes wird sorgsam bewahrt, aber durch Pfade zugänglich gemacht. Im Fremdenverkehrsamt gibt es Broschüren zu diesen Gebieten.

Ausgehen

Konzerte, Shows und ein exklusiver Nachtklub im **Casino.**
Hemingway's: Lippenslaan 175,
Nette Cocktailbar und Café, angenehmer Hangout nach einem Nachmittag am Strand.
Surfers Paradise: Die Strandbar in den Dünen beim Zwin ist nicht nur für Surfer ein heißer Tipp.
Das winzige Gässchen **De Welingen** hat sich zum ›Bermudadreick‹ Knokkes entwickelt, mit nicht weniger als sechs schicken Bistros und Restaurants.

Einkaufen

Einkaufsstraßen: Lippenslaan, Dumortierlaan, Kustlaan.

Lust auf ein Dessert? Für ein Hörnchen von **Australian Icecream** stellen sich Kinder und Erwachsene gern auch länger in die Schlange: Dumortierlaan 2A und Lippensslaan 340.

Feste & Unterhaltung

Cartoonfestival: Mitte Juni bis Mitte Juli, Ausstellung aktueller und klassischer Cartoons und Comics.

Feuerwerkfestival: 17.–25. Aug., Feuerwerker aus verschiedenen Ländern zeigen allabendlich ihre Kunst.

Dienst voor Toerisme: 8300 Knokke-Heist, Knokkestraat 22, Tel. 050/63 03 80, Fax 63 03 90, www.knokke-heist.be.

Ter Heis: Zeedijk 210, Tel. 050/51 78 84, Fax 51 97 08, DZ 60–100 €.
In Heist am Strand gelegen, nicht besonders ruhig.

Britannia: Elizabetlaan 85, Tel. 050/62 10 62, www.hotelsvanhollebeke.com, DZ 130–155 €.
Weiße Fachwerkvilla mit Erkerchen und Balkonen gleich beim Golfplatz, Terrasse. Ruhige Zimmer, einige mit kleinem Balkon.

Golfhotel: Zoutelaan 175, Tel. 050/31 16 14, www.golfhotelzoute.be, DZ 145–165 €.
Luxus in kleinem Rahmen: Ein Haus im Villenviertel, Restaurant und Taverne inbegriffen, Zimmer mit allem Komfort, ruhig.

Ferienwohnungen:
Agence Schmitz: Lippenslaan 187, Tel. 050/60 11 22, Fax 60 11 62, www.agenceschmitz.be.
Im Programm sind Villen in Het Zoute.

Von bedeutenden Künstlern ausgeschmückt: das Casino in Knokke

Steffimmo: Elizabetlaan 355, Tel. 050/51 46 27, Fax 51 06 11, www.steffimmo.be.
Studios und Apartments in Heist.

Camping
De Zilvermeeuw:
Heistlaan 166,
Tel. 050/51 27 26, www.camping-zilvermeeuw.com.
Großer, gepflegter Platz mit Supermarkt, Frittenbude, Kinderspielplatz; Wohnwagen können gemietet werden.

Rubens:
Zeedijk-Albertstrand 589,
Fisch ab 20 €, Fleisch ab 18 €.
Gutes Fischrestaurant der Mittelklasse mit großer geschützter Terrasse.
`t Kantientje: Lippenslaan 103, Tel. 050/60 54 11, Di geschlossen, Menü ab 30 €.
Angeblich die besten Muschelgerichte Belgiens, aber auch Austern, Fisch und Hummer (35 €).
Bartholomeus: Zeedijk- Heist 267, Tel. 050/51 75 76, Di, Mi, Do geschl., Lunchmenü um 30 €, Hauptgerichte 30–50 €.
Einer der jungen Kreativen Belgiens schwingt hier den Löffel und bezaubert mit ungewöhnlichen Fisch- und Fleischkreationen wie z. B. Hummer mit Pak Soi, Zitronengras und Koriander oder Jakobsmuscheln mit Gänseleber, Artischocken und Pfifferlingen.
Si Versailles: Zeedijk 795,
Tel. 050/60 28 50, Mi geschl.,
Fisch 30 €, Muscheln ab 25 €, Hummer um 60 €.
Fisch-, Hummer- und Muschelspezialitäten wie Hummer in Waterzooi und Muscheln mit Koriander oder Safran; unbedingt reservieren.

Im Zeichen der fünf Herzen

Einmal ganz gemütlich Kaffeetrinken – und die Kinder haben auch ihren Spaß? In den drei Restaurants der Familie Siska, die seit 1892 Waffeln bäckt, kommen alle auf ihre Kosten. Während die Kinder sofort auf die großen Spielplätze mit Wippen und Schaukeln, riesigen Sandkästen und Streicheltieren zusteuern, können die Erwachsenen in Ruhe Kaffee, Tee oder ein Bierchen trinken und dazu die legendären, immer frischen ›Fünf-Herzen-Waffeln‹ in allen Variationen probieren – dafür kommen auch die Kinder kurz an den Tisch.
Gustave Siska: Zoutelaan 229 (Ecke Bronlaan), Mo abend und Di geschlossen.
Kinders Siska: Oosthoekplein 1.
Marie Siska: Zoutelaan 177.

Zug: Intercity stündlich von Gent/Brügge.
Vorsicht: In Brügge wird ein Teil des Zuges abgekoppelt und fährt nach Blankenberge.

Koksijde (A 5)

Koksijde (20 000 Einwohner) ist stolz auf die höchste Düne der belgischen Küste, den 33 m hohen Hoge Blekker, der langsam, aber stetig Richtung Osten wandert. In dem Badeörtchen an der Westküste steht noch eine ganze Reihe malerischer Sommervillen, im landeinwärts liegenden Dorf sind ein paar der weißen Fischerhäuschen erhalten geblieben, die davon zeugen, dass Koksijde einst von der Hochseefischerei lebte.

Sehenswert

Abdijmuseum Ten Duinen 1138 (Abteimuseum Unsere liebe Frau in den Dünen):
Koninklijke Prinslaan 8,
www.tenduinen.be,
Di–Fr 10–18, Sa, So 14–18 Uhr,
Jan. geschl., 5 €.
Die Zisterzienserabtei wurde von den Bilderstürmern im 16. Jh. in Trümmer gelegt, die Ruinen von Wanderdünen verschüttet. Bögen, Säulenreste und fein gemeißelte Kapitelle legen Zeugnis davon ab, dass diese Abtei einst zu den wohlhabenden im Lande gehört hatte. Ein Museum dokumentiert die Geschichte der Zisterzienser in den Niederlanden, das Silbermuseum zeigt religiöse Kunst des 19. und 20. Jh.

Onze-Lieve-Vrouw-ter-Duinenkerk:
Jaak-van-Buggenhoutlaan.
Die moderne Kirche (1958–65) mit 700 m^2 Glasfenster wird nicht zu Unrecht ›Kathedrale des Lichts‹ genannt.

Hof Ten Bogaerde:
Ten Bogaerdelaan.
Der uralte Bauernhof, einst eine kleine Abtei, heute eine Landwirtschaftsschule, besitzt eine riesige Zehntscheune.

Museum Paul Delvaux:
Paul Delvauxlaan 42,
Sint-Idesbald, April–Sept. Di–So 10.30–17.30 Uhr, Juli, Aug. tgl, sonst Mo geschlossen.
Museum im Wohnhaus des surrealistischen Malers.

Nationales Fischereimuseum:
Pastoor Schmitzstraat 5, Oostduinkerke, Di–So 10–12, 14–18 Uhr, Juli, Aug. tgl, sonst Mo geschlossen, 2/0,75 €.
Modellsammlung von Fischerbooten, Gedenkstätte für die Fischer, die auf dem Meer geblieben sind, und eine alte Fischerherberge, heute Restaurant (Spezialität: Garnelen).

Handwerksmuseum im Florishof:
Oostduinkerke,
Ostern–15. Sept. tgl. außer Di 10–12, 13–18 Uhr, sonst nur Sa, So; 1,75 €.

Museum voor Sleutel en Slot:
Nieuwpoortsesteenweg 336,
Oostduinkerke,
Juli, Aug. Di–So 13.30–17.30 Uhr,
1,85 €.
Das Museum für Schlüssel und Schlösser in der alten Schlüsselfabrik Litto zeigt historische Schließmechanismen und moderne Sicherheitsvorkehrungen.

Sport & Strände

Breiter überwachter **Sandstrand** mit Verleih von Strandkabinen; **Schwimmbad:** Hoge Blekkerbad, Pylserlaan 32, Sunparks Groendijk, Polderstraat 158 (Oostduinkerke).

Wandern: Der 8 km lange ›Doornpanne-Weg‹ führt mit schöner Aussicht über den Hoge Blekker, auf dem ›Artiestepad‹ in Sint-Idesbald kann man die hübschen Sommerhäuser von Malern und Schriftstellern betrachten, die sich in der ersten Hälfte des 20. Jh. hier niedergelassen haben.

Rad fahren: Die Veurne-Ambachtroute erschließt das Bauernland zwischen Küste und Veurne.
Fahrradverleih: Coxy-Kart, Zeedijk 96, Mares, Terlinckplein 3.

Reiten: Cavallus, Fluithoekweg 11.

Ausgehen

Casino Koksijde: Casinoplein 11.
Kulturzentrum mit wechselndem Programm.

Ambrosius:
Zeepannlaan 6, Sint-Idesbald
Weinbar mit großer Auswahl an Weinen unterschiedlichster Provenienz.

Einkaufen

Markttag: Freitag.

Feste & Unterhaltung

Hulde aan de Vlaamse Schilderkunst: Umzug zu Ehren der flämischen Malerei: Mitte Sept. in Koksijde.

Smurfenparade: Schlumpfparade, Mitte August. Jedes Kind kann mitmachen, Bedingung: blaues T-Shirt, weiße Hose

Garnaalfeesten: Großes Krabbenfest mit Umzug, Wettkämpfen und vielen Spezialitäten aus Krabben und Fisch Ende Juni in Oostduinkerke.

Dienst voor Toerisme: 8670 Koksijde, Zeelaan 303, Tel. 058 51 29 10, Fax 058 53 21 22, www.koksijde.be.

La Pepinière: Salvialaan 60, Tel. 058/51 18 49, www.hotelpepiniere.be, DZ 70 €. Ruhig gelegenes kleines Hotel (18 Zimmer) mit Garten.

Loxley Cottage: Bauwenslaan 2, Tel. 058/51 93 52, www.hoteloxalis.com, DZ 110 €. Verwinkelte Villa mit Giebelchen und Veranda im englischen Kolonialstil, sehr stilvolle Zimmer.

Jugendherberge De Peerdevisser: Duinparklaan 41, Tel. 058/51 26 49, Fax 52 28 80, www.peerdevisser.be, 18,80 € im Mehrbettzimmer, 23 € im DZ, 24 Familienzimmer; Fahrradverleih.

Mit Ross und Karren auf Krabbenfang in Oostduinkerke

Ferienwohnungen:
Era-Servimo, Zeelaan 276, Koksijde, Tel. 058/51 23 23, Fax 51 96 44, www.servimo.be.

Camping
Bloemenduin: Abdijstraat 60–71, Tel. 058/51 22 39, Fax 52 06 24. Mittelgroßer, gut ausgestatteter Platz im Dünengürtel.

Restaurant Central: Zeelaan 97, Tel. 058/51 11 70, Mo, Di abend geschlossen, Menü um 25 €
Spezialität: Muscheln.

Hostellerie Le Regent: Albert Blieckaan 10, Tel. 058/51 12 10, Mo geschl., Hauptgerichte ab 24 €.
Exzellente französische Küche,

Koksijde ist Haltestelle der **Küstenstraßenbahn**.

Kortrijk (E/F 8)

Kortrijk lag einst im Zentrum weiter Flachsfelder, auf denen der Rohstoff für die Herstellung des feinen Tuchs wuchs, das der Stadt Bedeutung und Wohlstand verlieh. Heute sind es eher Autobahnen, die die Landschaft bestimmen, aber diese sorgen für eine so gute Verkehrsanbindung zu allen wichtigen Zentren Europas, dass die Textilindustrie noch immer zu den größten Arbeitgebern der 76 000-Einwohner-Stadt gehört. Zur guten Konjunktur kommt eine kleine Studentenszene, denn Kortrijk beherbergt einen Ableger der katholischen Universität Leuven.

Sehenswert

Grote Markt: Der große Platz im Stadtzentrum ist umstanden von prachtvollen Häusern mit einladenden Cafés. Das schönste Gebäude ist natürlich das Rathaus. Ratssaal und Schöffensaal sind mit prächtig geschnitzten und farbig gefassten Kaminen ausgestattet (Mo–Fr 9–12, 14–17 Uhr). Der grazile Belfried steht heute frei mitten auf dem Platz, einst war er Teil der nicht mehr existierenden Tuchhalle.

Begijnhof: Einer der schönsten Höfe des Landes, über dreißig Backsteinhäuschen mit Treppengiebel und Gärtchen, die sich um die Kirche scharen. Ein Mu-

Backsteinhäuser mit Treppengiebel: der Beginenhof in Kortrijk

seum informiert über das Leben der Beginen (tgl. 14–18 Uhr, 0,75/0,50 €).

OLV-Kerk: Das älteste Gebäude der Stadt war einst Teil der Burg des flandrischen Grafen. Im Inneren eindrucksvolle gotische Heiligenfiguren aus Marmor.

Broeltorens: Die beiden dicken Türme sind Überreste der Stadtbefestigung und schützten die Brücke über die Leie.

Rosarium: Doorniksesteenweg 228. In diesem Forschungsgarten wird u. a. die Entwicklung der Rose von der wilden Heckenrose zur heutigen Form gezeigt. Am schönsten stehen die Rosen von Juni bis Mitte September in Blüte.

Nationales Flachs- und Leinenmuseum und Spitzenmuseum:
E. Sabbelaan 4,
1. März–30. Nov. Di–Fr 9–12.30, 13.30–18 Uhr, Sa, So 14–18 Uhr, 3/2 €.
Alle Aspekte des traditionellen Tuchhandwerks: Flachsanbau und -bearbeitung, Leinenweberei und Beispiele für Spitzenarbeiten werden in diesem alten Flachsbauernhof gezeigt.

Ausgehen

In den Cafés rund um den Vlasmarkt trifft sich die Jugend.

Het Vliegend Tapijt: Pottelberg 189. Live Music (Jazz, Blues, Folk oder Chansons).

Einkaufen

Einkaufsstraßen mit Boutiquen, Schuhgeschäften usw. sind Dooniksewijk, Spoorweglaan, Steenpooort und Lange Steenstraat.

Dienst voor Toerisme: 8500 Kortrijk, Begijnhofpark z/n, Tel. 056/27 78 40, Fax 27 78 49, www.kortrijk.be/toerisme

Hotel Focus: Hovenierstraat 50, Tel. 056/36 15 71, www.focushotel.be, DZ 57–72 €. Nur 4 Zimmer, davon ein Einzel- und ein Dreierzimmer, sehr persönlich ausgestattet, auch Ferienwohnungen zu vermieten.

Hotel Groeninge: Groeningestraat 1A, Tel. 056/22 60 00, www.hotelgroeninge.be, DZ 70–75 €. Ruhiges, einfaches Hotel (10 Zimmer) direkt bei der OLV-Kirche.

Hotel Belfort: Grote Markt 53, Tel. 056/22 22 20, www.belforthotel.be, DZ ca. 100 €. Direkt am Großen Markt, angenehmes Haus, 29 Zimmer.

Jugendherberge:
Groeninghe: Passionistenlaan 1A, Tel. 056/20 14 42, Fax 20 46 63, 5,40 € im Mehrbettzimmer, 36 € im DZ.

Bistro 't Haantje: Leieskaat 9. Kaum mehr als eine Imbissbude, doch immerhin mit Spiegelwand und Kronleuchter. Hausgemachte Speisen ab 5 €.

Beethoven: Onze-Lieve-Vrouwestraat 8, mittags und Mi geschl. Grillgerichte und Fleischspezialitäten wie Hühnchen in Safran zu moderaten Preisen, Hauptgerichte um 12 €.

De Menenpoort: Meensestraat 88, Di geschl., Hauptgerichte ab 12 €. Flämische Gerichte, viele Biere zur Degustation.

Kalletaart

Eine süße Spezialität Kortrijks ist die *kalletaart,* ein länglicher Kuchen mit Äpfeln, Mandelcreme und Calvados, der in den Konditoreien um den Graanmarkt angeboten wird. ›Kalle‹ ist eine der beiden Figuren, die am Belfried jeweils zur vollen Stunde die Glocken schlagen.

St. Christophe: Minister Taacklaan 5, Tel. 056/20 03 37, Menu 50 €. Gehobene französische Küche.

Zug: Kortrijk liegt an der Strecke Gent–Tournai und Brüssel–Ieper, Züge einmal pro Stunde.

Highlight 8

Leiestreek (H 6)

Südwestlich von Gent, bei den Orten Deinze und Deurle, fließt die Leie in vielen Windungen durch eine sanfte Wiesenlandschaft, die von alten Bäumen und Wäldchen durchsetzt ist. Kleine Dörfer, Schlösschen und Windmühlen beleben das Bild – ein Bild, das immer wieder auf die Leinwand gebannt wurde. Im ersten Jahrzehnt des 20. Jh. gründete sich hier eine Künstlerkolonie, deren Mitglieder das flirrende Sonnenlicht, die Lichtreflexe auf dem Fluss und die tausend Grünschattierungen in natura studierten und mit ihren farbenfrohen Gemälden den belgischen Impressionismus und später den Expressionismus begründeten. Mehrere Museen dokumentieren das Schaffen dieser Epoche. Aber man muss kein Kunstkenner sein, um dieser Landschaft Reize abzugewinnen: Radeln, Bootfah-

ren, Wandern können genauso gut auf dem Programm stehen.

Sehenswert

Schloss Ooidonk: 4 km außerhalb von Deurle (gut ausgeschildert), www.ooidonk.be, So 14–17.30 Uhr, Juli, Aug. auch Sa, 6 €, Garten: 0,80 €.
Eines der prachtvollsten Schlösser Belgiens, unverkennbar seinem berühmten Vorbild nacheifernd: dem Loire-Schloss Chambord. Eine lange Buchenallee führt zum Schloss, die dicken Zwiebeln auf den Türmen verleihen seiner Eleganz einen Schuss Bodenständigkeit. Man kann entweder nur den französisch angelegten Park besuchen oder das mit kostbaren Möbeln, Gemälden und Gerätschaften ausgestattete Innere.

Museum van Deinze en Leiestreek: Luc Matthyslaan 3–5, Deinze, Tel. 09/381 96 70, www.museumdeinze.be, Di–Fr 14–17.30 Uhr, Sa, So, Fei 10–12, 14–17 Uhr, 2,75 €.
Die umfangreiche Sammlung gibt einen Überblick über das Schaffen der Künstlerkolonie an der Leie, eine weitere Abteilung dokumentiert die Geschichte Deinzes und Umgebung.

Museum Dhondt-Dhaenens: Museumlaan 14, Deurle, Tel. 09/282 51 23,

Wie ein Gemälde: die Leie-Landschaft bei Deinze

www.museumdd.be,
Di–So 11–17 Uhr, 5 €.
Das künstlerisch interessanteste Museum der Gegend mit Werken von Constant Permeke, James Ensor, Rik Wouters und anderen.
Museum Leon De Smet:
Museumlaan 18, Deurle (Sint-Martens-Latem), Pfingsten–31. Okt.
Sa, So, Fei 14.30–17/18 Uhr,
Juli/Aug. nur So, Eintritt frei.
Leon De Smeet lebte 1930–66 in Sint-Martens-Latem. Sein Werk umfasst vor allem Porträts, später wandte er sich dem Expressionismus zu.
Museum Gustaaf De Smet: Gustaaf De Smetlaan 1, Deurle (Sint-Martens-Latem), 1. Mai–30. Sept. Mi–So 14–18 Uhr, 1 €.
Gustaaf De Smet, der Bruder Leons, war einer der großen belgischen Expressionisten.

Sport & Freizeit

Ausflugsboote auf der Leie fahren in Gent vom Recollettenlei ab. Verschiedene Ziele, meist mit Einkehrmöglichkeit.
Empfehlenswert ist eine **Radtour** entlang der Leie von Gent (Waterspoortbaan) über Afsnee, Laetem, Deurle, Bachte-Maria Leerne bis zum Schloss Ooidonk; Fahrradverleih: Bahnhof in Gent und in Deinze.

VVV & Toerisme Leiestreek:
Markt 46, 9800 Deinze,
Tel. 09/380 46 01, Fax 381 95 59,
www.vvvleiestreek.be.

Torenhof:
Baarle-Frankrijkstraat 10,
Sint-Martens Latem,
Tel. 09/282 33 20,
www.torenhof.be
DZ 89 €.
Das einstige Wohnhaus und Atelier des expressionistischen Malers Albert Servaes ist heute ein hübsches kleines Hotel im Florentiner Stil. Ideal für Langschläfer: Frühstück gibt es bis mittags.

Gasthof Halifax:
143 Emiel Clauslaan,
Astene, Deinze, Tel. 09/282 31 02,
Sa mittag, So geschl., Menü ab 35 €.
In einem alten Bauernhof von 1735, traditionelle deftige, aber auch feine Küche.

Mit dem Auto: Von Gent Richtung Kortrijk (Kortrijksesteenweg, N 43) bis zum Abzweig Nevele, Deurle, dort rechts, nach gut 1 km rechts in die Denterghemlaan, dann rechts ins Zentrum von Deurle oder links in die Museumlaan.

Lissewege (E 3)

Das propere Dörfchen zwischen Brügge und Zeebrugge macht schon von weitem auf sich aufmerksam: Über den weißgetünchten Häusern mit roten Ziegeldächern erhebt sich der beliebteste Aussichtspunkt der Polderlandschaft.

Highlight 9

O.-L.-Vrouw-Bezoekingkerk: Der mächtige gotische Turm der Liebfrauenkirche aus der ersten Hälfte des 13. Jh. ist ein Zeugnis für den Wohlstand, den Lissewege einst durch die Tuchproduktion genoss. Freilich hat er dasselbe Schicksal erlebt wie viele andere Türme Flanderns: Auf halber Strecke ging den Bauherren das Geld aus, denn Lisseweges wirtschaftliche Bedeutung schwand. Später diente der knapp 50 m hohe Turm lange Zeit als Leuchtturm, heute bietet er eine prächtige Aussicht bis zum Meer (Juli, Aug. 15–17 Uhr).

Ter Doest: Etwas südlich von Lissewege steht die gewaltige Zehntscheune, die ab 1275 die Abgaben der Bauern für das einst hier bestehende Kloster aufnahm. 60 m lang, 25 m breit, 20 m hoch, mit einem mächtigen, original erhaltenen Dachstuhl aus Eichenholz – ein in jeder Hinsicht großes Werk frühgotischer Zimmermannskunst (tgl. 10–19 Uhr).

Mechelen (O 6)

Mechelen (79 000 Einwohner) liegt ziemlich genau zwischen Antwerpen und Brüssel – günstig für Pendler, nicht ganz so günstig für ein eigenes Profil. Dabei hat die Stadt viel Sehenswertes zu bieten, denn im Laufe ihrer langen Geschichte war sie geistiges Zentrum der Niederlande, Residenz der spanischen Statthalter und ein Hort der Künste.

Sehenswert

Sint-Romboutskathedraal:
Turmbesteigung Juli/Aug. tgl. 14.15 Uhr, sonst nur Sa/So, 5/2,50€
97 m hoch ist der Turm der gotischen Kathedrale und doch nur ein Stummel, verglichen mit den ursprünglichen Plänen. Im Turm befinden sich zwei Glockenspiele, eines davon aus dem 15. Jh. mit 49 Glocken.

Grote Markt: Der Platz ist von schönen barocken Bürgerhäusern mit geschweiften Giebeln gesäumt. Die ältesten Gebäude sind das **Schöffenhaus** (Stadtarchiv) aus dem 13. Jh. und das Haus **Den Beyaert** (Postamt). Das **Rathaus** wirkt etwas uneinheitlich: Die frühere gotische Tuchhalle mit dem nur in Ansätzen ausgeführten Belfried erhielt zu Beginn des 20. Jh. einen neogotischen Anbau mit zierlichem Maßwerk, der zum behäbigen Rest nicht ganz passt. Auf dem Platz steht das Denkmal für Margarete von Österreich, die Mechelen im 16. Jh. zur Residenzstadt ausbaute.

Hof van Busleyden:
Das alte Herrenhaus in Brabanter Backsteingotik ist heute ein Museum für Gemälde, Möbeln und Skulpturen aus den letzten drei Jahrhunderten und hütet außerdem die Sammlung des Mechelner Glockenspielmuseums.

Hof van Savoye: Das Palais der Margarete von Österreich ist ein besonders prächtiges Gebäude, an der Korte Maagdenstraat gotisch begonnen, an der Keizerstraat mit einer Renaissancefassade vollendet.

Brusselpoort (14. Jh.):
Hoogstraat, Di–So 13–17 Uhr, 2/1 €
Das einzige erhaltene Stadttor kommt deutschen Besuchern bekannt vor: Es war das Vorbild für das Lübecker Holstentor, das auf den alten 50-DM-Scheinen zu sehen war. Im Tor befindet sich ein Museum zur Stadtgeschichte.

Speelgoedmuseum:
Nekkerspoelstraat 21,
www.speelgoedmuseum.be,
Di–So 10–17 Uhr, 7/5 €.
Spielzeugmuseum mit interessanten Abteilungen wie ›Spiele zur Brueghelzeit‹, ›Kirmes und Zirkus‹ und einer großen Modelleisenbahnanlage. Im Museumsshop viel verschiedenes Blechspielzeug.

Joods Museum van Deportatie en Verzet: Goswin de Stassartstraat 153, So–Do 10–17 Uhr, Fr 10–13 Uhr, geschl. an den jüdischen Feiertagen und in der 2. und 3. Augustwoche.
Als 1942 die massive Verfolgung auch der belgischen Juden begann, wurden diese vor ihrer Deportation in die Vernichtungslager im Osten im ›Sammellager Mechelen‹ inhaftiert. Das Museum dokumentiert jüdisches Leben in Belgien vor und während der deutschen Okkupation, zeigt erschütternde Dokumente der Verfolgung und Ermordung und würdigt den belgischen Widerstand gegen die Besatzer, dem mehrere tausend jüdische Kinder das Leben verdanken.

Technopolis: Technologielaan,
www.technopolis.be,
tgl. 9.30–17 Uhr, 9,50/7 €.
›Aktionszentrum für Wissenschaft und Technologie‹, in dem man mit eigenen Händen die Gesetze der Physik entdekken kann: Anhand von Pingpongbällen werden Luftströmungen sichtbar gemacht, Pumpen und Schleusen können

Glockenspiel

Glockenspiele kennt man in Flandern bereits seit dem 14. Jh. Damals bereits schlugen Glocken die Stunden an und gaben damit zum Beispiel das Signal zum Arbeitsbeginn und -ende. Um die Aufmerksamkeit der Bürger auf den Stundenschlag zu lenken, wurde ein so genannter Vorschlag eingeführt, der im Laufe der Jahrhunderte immer kunstvoller und melodischer ausgearbeitet wurde. Um schließlich richtige Melodien spielen zu können, erfand man im 15. Jh. eine Vorrichtung, mit deren Hilfe die Klöppel der Glocken über eine Mechanik bewegt wurden. Bis heute sitzt der *beiaardier* vor einer Art Klavier, auf dem statt der Tasten dicke Stäbe horizontal angeordnet sind. Die Kunst des Glockenspiels wäre beinahe ausgestorben, hätte Jef Denyn sie nicht Anfang des 20. Jh. wiederbelebt und in Mechelen die erste und einzige Glockenspielerschule der Welt gegründet. Seither gibt es nicht nur hier, sondern auch in anderen flämischen Städten wieder einen fest angestellten Glockenspieler.

Glockenspielkonzerte:
Sa und Mo 11.30, So 15 Uhr, Juni–Mitte Sept. auch Mo 20.30 Uhr, jeweils 1 Std. Solist ist in der Regel Jo Haazen, der Leiter der Mechelner Glockenspielerschule.

bedient werden, man kann seine Reaktionszeit messen und vieles mehr. Erklärungen in Niederländisch und Englisch.

Feste & Unterhaltung

Hanswijkprocessie: Prachtvoller Umzug in historischen Kostümen zu Ehren der Muttergottes von Hanswijk (einer barocken Kirche am anderen Ufer der Dijle) am Sonntag vor Himmelfahrt.

in&uit Mechelen: Hallestraat 2–4, 2800 Mechelen, Tel. 070/22 28 00, www.inenuitmechelen.be.

Eetcafé Graspoort: Begijnenstraat 28, tgl. ab 11.30 Uhr, Tagesgericht 12 €. Fisch und Meeresfrüchte sowie Gemüsegerichte schmecken hier gut und sind günstig.

Atlas Wereldkeuken: Nauwstraat 4, Tel. 015/27 56 27, So, Mo geschl., Hauptgerichte 10–12 €. Wer mal gern mexikanisch, jamaicanisch oder vegetarisch essen möchte, ist hier richtig.

Intercity nach Antwerpen und Brüssel im Halbstundentakt.

Ziele in der Umgebung

Tierpark Planckendael: Leuvensesteenweg 582, www.planckendael.be, tgl. 10–18 Uhr, 16,90/11,90 €. Auf 40 ha tummeln sich Säugetiere und Vögel, seit neuestem auch solche des ›Fünften Kontinents‹ wie Koalas und Emus.

Nieuwpoort-Stad (B 5)

Nieuwpoort (10 000 Einwohner) hat das, was viele in den Badeorten vermissen: Einen gemütlichen kleinen Marktplatz mit ehrwürdiger Kirche, giebelbewehrtem Rathaus und netten Terrassencafés. Der Schein trügt freilich: Die ganze Pracht stammt aus den 1920er-Jahren, als die im Ersten Weltkrieg fast ganz zerstörte Stadt wieder aufgebaut werden musste. Der Ort hat einen Ableger am Strand, wo sich im Sommer das bunte Leben abspielt. Nieuwpoorts wirtschaftliches Standbein ist die Fischerei, was nicht nur die örtlichen Restaurants eindrucksvoll belegen, sondern auch die Flotte von Trawlern und Kuttern am Kai und die *Vismijn,* die Fischhalle, in der morgens der frische Fang versteigert wird.

Sehenswert

König-Albert-Denkmal: Beim Schleusenkomplex Ganzenpoot. 1914 gab König Albert I. den Befehl, die Schleusen zu öffnen und das Hinterland zu überfluten. Damit wurde zwar enormer Schaden angerichtet, doch war dies die einzige Möglichkeit, den schier unaufhaltsamen Vormarsch der deutschen Armee zu stoppen. Der große ringförmige Bau mit dem Reiterstandbild des Königs erinnert an diese schwere Zeit. Er wurde aus Lehm von den Ijzerufern errichtet. Von oben hat man einen schönen Blick auf die Küstenlinie und über das Polderland.

Marktplatz: Das **Rathaus,** die Kornhalle mit Belfried, ursprünglich im 14. Jh. errichtet, und die Kirche **Onze Lieve Vrouw,** die ihre Wurzeln im 12. Jh. hat, wurden wie der Rest des Stadtzentrums 1920–22 wieder aufgebaut, 1940 aber teilweise erneut zerstört und zum zweiten Mal wieder errichtet. Im

Kirchturm befindet sich ein Glockenspiel mit 67 Bronzeglocken, auf dem im Sommer Konzerte gespielt werden (15. Juni–15. Sept., Mi 20.30–21.30 Uhr).
Schlüsselmuseum Opslot: Canadalaan 73, Juli, Aug. Di–So 13–17 Uhr, 1,90 €. Schlüssel und Schlösser von der Römerzeit bis heute.

Sport & Strände

Schwimmen: Breiter, flacher Sandstrand in Nieuwpoort-aan-Zee; Freibad mit Warmwasserbecken: Leopold-II-park, Hallenbad: Floréal Club, Albert-I-laan 74.
Windsurfen: Bloso, Spaarbekken 2, Tel. 058/23 58 91.
Motorbootcharter: AJ Jachting, Marktstraat 25.
Fahrradverleih: Bambino, Zeedijk 76, Best Bikes, Langestraat 98; ausgeschilderte Fahrradrouten zwischen Nieuwpoort und Veurne wie z. B die ›Hoeveroute‹ durch die Polderdörfer des Hinterlandes.
Wandern: Kurze ausgeschilderte Wanderungen unterschiedlicher Länge, z.B. die Lenspolderwanderung (5 km), die am Kinderbauernhof Lenspolder vorbeiführt.

Einkaufen

Markt: Fr Vormittag.

Feste & Unterhaltung

Sint-Bernardusfeesten: Stadtfest mit Umzug, bei dem eine Riesenfigur durch die Straßen getragen wird, am 3. Augustwochenende.

Toerisme Nieuwpoort: 8620 Nieuwpoort, Stadhuis, Marktplein 7, Tel. 058/22 44 44, Fax 22 44 28, www.nieuwpoort.be.

Sandeshoved: Zeedijk 26, Tel. 058/22 23 60, www.sandeshoved.be, DZ 63–87 € (ohne Frühstück). Großes, modernes Hotel (170 Zimmer und Apartments für bis zu 10 Personen), durchschnittlich ausgestattet, aber direkt am Strand.
Cosmopolite: Albert-I-laan 141, Tel. 058/23 33 66, www.cosmopolite.be, DZ 110–120 €. Hotel mit geräumigen Zimmern in Strandnähe, Restaurant und Bar/Café im Haus.
Ferienwohnungen
Hoeve-Hotel Klein Noordhof: Diksmuideweg 14, Tel. 058/23 48 16, Fax 24 07 20. 8 Ferienwohnungen abseits der Straße, ein Garten mit Kaninchen zum Streicheln, ca. 5 km zum Strand.
Bungalowpark Ysermonde bv: Victorlaan 1, Tel. 058/22 32 11, Fax 22 32 10. Autofreies Feriendorf zwischen Stadt und Strand mit hübschen Häuschen und Pool.

Angeln

Angeln kann man an vielen Stellen der belgischen Küste, aber an den langen Piers von Nieuwpoort macht es besonders viel Spaß. Angelrouten und Netze bekommt man beim Huis Desaever, Albert-I-laan 139, Tel. 058/23 44 71. Ein besonderes Erlebnis ist das Angeln auf hoher See, zum Beispiel mit der Jonathan I oder II, Kaai 11, Tel. 059/51 32 38.

Camping

Kompas Camping:
Brugse Steenweg 49,
Tel. 058/23 60 37, Fax 23 26 82,
www.kompascamping.be.
Großer Platz für fast 1000 Wohnwagen, auch einige Hütten und Leih-Caravans, Freibad, Minigolf und großer Spielplatz, in den Ferien Reservierung unumgänglich, ca. 10 Min. zum Strand.
Sint-Jorishof: Brugse Steenweg 39,
Tel. 058/23 48 59.
95 Stellplätze.

Café de Paris:
Kaai 16, www.cafe-deparis.be, im Winter Mo, Di geschl.
Gemütliche Brasserie beim Fischmarkt, Spezialitäten sind Bouillabaisse (28.50 pro Person) oder überbackener Kabeljau (26,50 €).
Het Kompas:
Henegouwenstraat 1 (Ecke Zeedijk), Di geschl., Broodjes 5–6 €,
Hauptgerichte 20–25 €
Rustikales Lokal mit schmackhafter belgischer Küche von Kleinigkeiten bis zur großen Fischpfanne.
`T Visserke: Ijzer 5,
Tel. 058/23 32 33,
So, Di abend, Mi geschl.,
Hauptgerichte um 28 €.
Dirk Decroos gehört zu den Meisterköchen Belgiens, in seinem Lokal am Ufer der Ijzer hat er sich auf Fisch spezialisiert.

Nieuwpoort ist Haltestelle der **Küstenstraßenbahn**.

Ziele in der Umgebung

Bootsausflug auf der Ijzer nach Diksmuide, eine interessante Fahrt durch die Polder, ca. 2 Std./5 €: Rederij Seastar, Havengeul 17, Tel. 058/23 24 25, www.seastar.be.

Oostende (C 4)

Hauptort der Küste (70 000 Einwohner), Fährhafen nach England, bedeutender Fischereihafen, belebter Yachthafen – der Ort atmet ein wenig das Flair der großen weiten Welt. So elegant wie Ende des 19. Jh., als sich hier die Haute Volée der westlichen Welt im Casino, auf der Rennbahn, in den Galerien oder in den verspielten Villen ein Stelldichein gab und der belgische König seinen protzigen Sommersitz errichtete, ist es nicht mehr. Visserskaai, Yachthafen und Wapenplein sind heute die Plätze, an denen der Herzschlag der quirligen Stadt am deutlichsten zu spüren ist. Für einen stimmungsvollen Sonnenuntergangsspaziergang empfiehlt sich das Weststaketsel, eines der beiden langen Piers, die die Hafeneinfahrt bilden.

Sehenswert

Nordseeaquarium: Visserskaai,
tgl. 10–12, 14–17/18 Uhr, Okt.–März nur Sa, So, 2 €.
Fische, Schalen- und Weichtiere in fast natürlicher Umgebung.

10

Highlight

Visserskaai: Die Straße zwischen Mercatorschleuse und Hafenausfahrt ist ein Paradies für Fischliebhaber: Ein Fischrestaurant am anderen auf der einen Seite, Bude an Bude mit Matjes- und Krabbenbrötchen, gekochten Seeschnecken und Stockfisch auf der anderen, und wer immer noch nicht genug hat, besucht den **Vistrap,** den Fischmarkt.

Sint-Petrus-und-Paulus-Kirche:
beim Visserskaai.

Die Ähnlichkeit mit dem Kölner Dom ist gewollt, doch wurde die neogotische Kirche mit den beiden markanten Türmen erst 1896 erbaut.

Driemaster Mercator:
Mercatordok, www.zeilschip-mercator.be, Jan.–April., Okt.–Dez. Sa, So 10–12.30, 14–16.30 Uhr, Mai, Juni, Sept. tgl. 10–12.30, 14–17.30 Uhr, Juli, Aug. tgl. 10–17.30 Uhr, 4 €.
Das einstige Segelschulschiff der Belgischen Handelsmarine beherbergt heute ein Museum zur Geschichte der Ausbildung der Matrosen und erinnert an seine großen Fahrten seit 1932.

Museumsschiff Amandine:
Vindictivelaan (beim Bahnhof), Mo 14–18 Uhr, Di–So 10–18 Uhr, 4 €.
Letztes Boot der belgischen Islandfischerflotte.

Provinciaal Museum voor Moderne Kunst (PMMK):
Romestraat 11,
Di–So 10–18 Uhr, 5 €.
Zeitgenössische belgische Malerei, Bildhauerei und Keramikkunst

James Ensorhaus:
Vlaanderenstraat 27,
tgl. außer Di 10–12, 14–17 Uhr, 2 €.
Über dem Andenkenladen seines Onkels hatte der Maler James Ensor (1860–1949), Schöpfer magisch-symbolischer Werke, 32 Jahre lang Wohnung und Atelier. Wer dem Maler die letzte Ehre erweisen möchte: Ensors Grab befindet sich am westlichen Rand der Stadt.

Leopoldpark: Park mit Musikpavillon und der berühmte Oostender Blumenuhr, nebenan, auf dem breiten Grünstreifen der Leopold II-laan liegt die ›Dikke Mathille‹.

Koninklijke Ganderijen:
In dem 400 m langen, etwas monotonen Wandelgang der Königlichen Galerien von 1905 ergingen sich damals die Damen, wohl geschützt vor Sonnenstrahlen. Am östlichen Ende erhebt sich das reichlich pompöse Standbild König Leopolds II.

Roulette, Blackjack – aber wie?

American Roulette, Blackjack, Craps, Punto Banco, Sic Bo – wem das noch böhmische Dörfer sind, der kann im Casino Oostende einen Einsteigerkurs buchen. Es gibt verschiedene Angebote, die jeweils eine Einführung in das Spiel und den Zutritt zum Spielsaal beinhalten. Mindestalter 21 Jahre, Ausweis mitbringen.
Information: Casino Kursaal Oostende, Tel: 059/70 51 11, www.cko.be

Fort Napoleon:
Vuurtorenweg (östlich der Hafeneinfahrt), www.fortnapoleon,
tgl. außer Mo 11–13, 13.30–18 Uhr, 5 €.
1810 gab Napoleon, der das ganze Land besetzt hatte, den Bau des Forts in Auftrag. 1814, gerade als der Kaiser seine letzte Schlacht geschlagen – und verloren – hatte, war es fertiggestellt. So diente die fünfeckige Anlage immer nur friedlichen Zwecken und beherbergt heute eine Ausstellung zum Festungsbau sowie ein Bistro mit Sonnenterrasse.

Earth Explorer:
Fortstraat 128,
www.earthexplorer.be,
tgl. 10–18 Uhr, Mitte Nov.–Jan. nur Do–So, 14,50/10,50 €
Wissenschaftlicher Themenpark mit interaktiven Experimenten und aufregenden Simulationen.

Domein Raversijde:
Duinenstraat 147,
April–Okt. Mo–Fr 14–17 Uhr, Sa, So und in den Ferien 10.30–18 Uhr, Kombiticket für alle drei Museen 9 €.
In dem großen Naturpark in den Dünen westlich der Stadt finden sich Sehenswürdigkeiten höchst unterschiedlicher Art: Das Haus des belgischen Prinzen Karel, eines Onkels des derzeitigen Königs, der 1944–50 Regent von Belgien war, ein Stück des berüchtigten Atlantikwalls, der Verteidigungsanlage der deutschen Wehrmacht während des Ersten und Zweiten Weltkriegs mit 60 Bunkern, Festungsbauten und unterirdischen Gängen, und schließlich Reste des mittelalterlichen Fischerdorfs Walraversijde, das als Freilichtmuseum hergerichtet wurde. Ein Audioguide lässt das Leben der Menschen aufs farbigste wiedererstehen.

Sport & Strände

Vier bewachte **Strände** entlang der 8 km langen Strandpromenade.
Schwimmbad: Koninginnelaan 1. Frei- und Hallenbad.
Fahrradverleih: Am Bahnhof; Kurioosa, Zeedijk 92 A; Candy, Albert I.-Promenade 4; Gino, Kemmelbergstraat 40.
Windsurfen, Parasailing, Segeln: VVW Inside-Outside, Tel. 059/32 03 32.
Bootsfahrten: Ausflugsfahrt mit der Franlis: Juli, August jeweils zur vollen Stunde ab Westerstaketsel.
Wellington Pferderennbahn:
Während der Saison jede Woche Pferderennen.

Ausgehen

Kasino-Kursaal:
Oosthelling, tgl. ab 15 Uhr.
Taverne ´t Botteltje:
Louisastraat 19. Bodenständige Kneipe mit vielen Bier- und Geneversorten.

Taverne den Artist:
Kapucijnenstraat 13, Galerie und Bar, bis 4 Uhr geöffnet, jeden 1. und 3. Di im Monat Blues- und Jazzkonzerte.
Le Dome:
Langestraat.
Tanzen und Abhängen auf zwei Ebenen.

Einkaufen

Markt Mo, Do, Sa vormittag bis 13 Uhr am **Wapenplein, Groentemarkt** und **Mijnplein.**
Moeder Babelutte:
Vlaanderenstraat 4. Hier gibt es die berühmten Oostender *zeevruchten,* Muscheln und Seepferdchen aus gefüllter Schokolade.

Feste & Unterhaltung

Neujahrstauchen: Am 1. So nach Silvester nehmen über tausend ›Eisbären‹ aus ganz Belgien ein erfrischendes Bad in der Nordsee; **Karneval:** Cimateire-Umzug am Samstag nach Aschermittwoch, vom Belfried werden *kloefen* heruntergeworfen, kleine Holzschuhe, von denen einer aus Gold ist. Berühmt ist der **Bal du Rat Mort,** ein schicker, ziemlich exklusiver Kostümball im Kursaal; **Lenkdrachentreffen:** Anfang Juli; **Krabbenpuhlwettbewerb** am Visserskaai: Mitte September; **Halloween** mit Parties und Kinderprogramm in der ganzen Stadt: letzte Oktoberwoche.

Toerisme Oostende, 8400 Oostende, Monacoplein 2, Tel. 059/70 11 99, Fax 70 34 77, www.toerisme-oostende.be.

Hotel Albert II: Vlaanderenstraat 42, Tel. 059/80 80 00, www.hotelalbert2.be, DZ 65–100 €. Stuckverziertes Gründerzeithaus in der Einkaufsstraße, aber nahe zum Strand, schöne Zimmer (auch für 3 und 4 Personen), Sauna, Bar, Parkplatz.

Les Dunes: Raversijdestraat 28, Tel. 059/50 04 17, 72 €. Familienfreundliches Hotel in Strand-

Fährhafen, Fischereihafen und Yachthafen: Oostende

nähe, alle Zimmer renoviert, nicht besonders groß, aber mit Dusche und WC, Parkplatz.

Ambassadeur: Wapenplein 8A,
Tel. 059/70 09 41,
www.hotelambassadeur.be,
DZ 70–90 €.
Angenehmes Hotel direkt auf dem (autofreien) Wapenplein, Zimmer mit allem Komfort.

Burlington:
Kapellestraat 90, Tel. 059/55 00 30,
www.hotelburlington.be,
DZ 75–89 €.
Gegenüber dem Jachthafen, ordentliche Zimmer.

Thermae Palace:
Koningin Astridlaan 7,
Tel. 059/80 66 44,
www.thermaepalace.be, 200–350 €.
Der Hotelpalast aus der Belle Epoque wurde vor einigen Jahren aufgefrischt und bietet allen erdenklichen Komfort, außerdem das stilvolle Restaurant Perigord mit klassisch-französischer Küche.

Jugendherberge

De Ploate, Langestraat 82,
Tel. 059/80 52 97, Fax 80 92 74,
www.deploate.be,
17,50 € im Mehrbettzimmer,

Ferienwohnungen

Agence Dermul, Troonstraat 79,
Tel. 059/55 10 69, Fax 80 86 82,
www.dermul.be.

Immo Ter Streep:
Albert I Promenade 14,
Tel. 059/80 02 52, Fax 70 99 03,
www.immoterstreep.be.

Camping

Oasis, Duinenstraat 284,
Tel. 059/30 19 55.
Etwa 6 km südwestlich des Stadtzentrums.

Am Visserskaai reißt die Reihe der Fischrestaurants nicht ab. Standardgerichte wie Muscheln, Seezunge auf Oostender Art (mit Krabben und Muscheln) bieten fast alle in guter Qualität an – die Qual der Wahl ist programmiert.

Stad Kortrijk: Langestraat 119,
Tel. 059/70 71 89.
Eigentlich nur eine etwas bessere Frittenbude – aber was für ein Fisch! Und die Fritten werden selbst von den verwöhnten Belgiern gerühmt.

Adelientje: Bonenstraat 9,
Tel. 059/70 13 67.
Bodenständiges Lokal mit immer frischem Fisch plus Fritten in großzügigen Portionen, Empfehlung: die Lotte.

Arno's Café: Wapenplein 8 A,
Tel. 059/70 09 41,
Hauptgerichte um 12 €.
Gute Fischküche, interessant und riesig: die Seafood-Platte.

Brazza Tex Mex: Monacoplein 7,
Tel. 059/51 17 39.
Auch hier gibt es Fisch, aber auch Spezialitäten wie Tacos und Tortillas, außerdem eine gute Auswahl an Cocktails, Hauptgerichte um 15 €.

Lobster: Van Iseghemlaan 64,
Tel. 059/50 02 82,
Mo abend, Di geschl.
Der Name legt es nahe: Wenn es Hummer sein soll, dann ist dies eine gute Adresse: gegrillt oder mit Sahne-Gemüsesauce, ab 30 €.

Oostende erreicht man mit dem **Zug** ab Köln via Brüssel. **Busse** nach Veurne, Brügge und in alle umliegenden Orte.

Ziele in der Umgebung

Bootsfahrt nach Brügge, Juli, August tgl. 10 und 14 Uhr ab Visserskaai, Tel. 059/23 24 25.

Oudenaarde (H 8)

Oudenaarde ist mit seinen 27 000 Einwohnern nicht gerade eine quirlige Stadt, eher eine der typisch flämischen Provinzstädte, die den Anschluss an die neuen Zeiten nur zögerlich vollziehen. Aber hübsch ist es, wie es da inmitten der grünen Hügel der Flämischen Ardennen am Ufer der Schelde liegt, und es bewahrt eine Reihe von herrlichen Schätzen.

Highlight 11

Stadhuis: April–Okt. Mo–Fr 11, 14.30, 16, Sa, So 14, 16 Uhr, 4 €.
Oudenaardes Rathaus – es wurde 1536 vollendet – gehört zu den schönsten des Landes. Wie ein über und über mit Zierrat geschmückter Schrein steht es auf dem weiten Marktplatz, ein herrliches Beispiel Brabanter Gotik. In der Tuchhalle an der Rückseite des Rathauses kann man die Oudenaarder ›Verdüren‹ besichtigen, grünblaue Wandteppiche aus dem 15.–17. Jh.

Sint-Walburgakerk: Die gotische Kirche am Markt wirkt etwas ungefüg, schuld sind die mehrmals geänderten Pläne während ihrer langen Bauzeit.

Zakstraat: In dieser Straße blieb einer der romanischen Türme der alten Stadtmauer erhalten.

Beginenhof: Ein barockes Portal führt in den kleinen Straßenhof der weltlichen Schwestern.

Centrum Ronde van Vlaanderen:
Markt 43, www.crvv.be,
Di–So 10–18 Uhr, 5/3,50 €.
Freunde des Radsports finden hier en alles über den Klassiker Flandernrundfahrt. Helden und Gescheiterte, Sieg und Niederlage – alles in wunderbaren Bildern und multimedial animiert.

Sport & Freizeit
Die ausgeschilderte Radtour Adriaan-Brouwer-Route (45 km) führt – mit einigen respektablen Anstiegen – durch die Flämischen Ardennen.

Feste & Unterhaltung
Adriaan-Brouwer-Fest:
Volksfest am letzten Juniwochenende.

Dienst voor Toerisme: 9700 Oudenaarde, Stadhuis, Markt, Tel. 055/31 72 51, Fax 055/30 92 48, www.oudenaarde.be.

Restaurants und Tavernen an der Westseite des Marktplatzes.

Zug: Oudenaarde liegt an der Bahnstrecke Gent–Kortrijk.

Poperinge (B 8)

Was wäre das belgische Bier ohne den guten Hopfen aus Poperinge? Rund um die Stadt stehen Tausende der hohen Stangen, an denen sich die Hopfenpflanzen hochranken. Im Zentrum des Hopfenanbaus sind natürlich auch einige lokale Spezialitäten im Ausschank, etwa das ›Hommelbier‹. Im Frühling servieren die Restaurants gedünstete Hopfensprossen. Das ruhige Provinzstädtchen (12 000 Einwohner) war während des Ersten Weltkriegs die erste bewohnbare Stadt hinter der Front. Vor allem für britische Besucher ist Poperinge eine beliebte Station auf einer Erinnerungsreise auf den Kontinent.

Biershop

Wer sich nicht damit begnügen will, das Bier vor Ort zu probieren, kann sich eine Auswahl für zu Hause mitnehmen. Der Getränkemarkt Nevejan in Krombeke hat ständig an die 300 verschiedene Sorten Bier auf Lager:
Nevejan Drankcentrale,
Graaf van Hoornweg 16,
8972 Krombeke-Poperinge,
Tel.: 057/40 00 35.

Sehenswert
Sint-Bertinuskirche: Gasthuisstraat.
Große gotische Hallenkirche des 15. Jh.
Sint-Janskirche: Ieperstraat.
Die Kirche (13. Jh.) birgt das wundertätige Bild der Muttergottes, das jedes Jahr in einer großen Prozession durch die Stadt getragen wird.
Talbot House: Gasthuisstraat 43,
www.talbothouse.be,
Di–So 9.30–17.30 Uhr, 5,50/4,50 €.
Poperinge war im Ersten Weltkrieg Erholungszentrum für die britischen Frontsoldaten. Für sie gründete Philip Clayton einen ›Every Men's Club‹, in dem Soldaten jeden Ranges sich erholen und zerstreuen konnten. Heute werden hier Dokumente und Erinnerungen an jene Zeit gezeigt.
Nationales Hopfenmuseum: Gasthuisstraat 71, www.hopmuseum.be
Di–Fr 10–18, Sa, So 14–18 Uhr,
Dez.–Feb. geschlossen.
In dem 400 Jahre alten Gebäude wurde noch bis in die 1960er-Jahre der Hopfen gewogen und weiterverarbeitet; heute zeigt es alles über den Hopfenanbau.

Feste & Unterhaltung
Marienprozession:
1. Wochenende im Juli.
Großes Hopfenfest: alle drei Jahre am 3. Wochenende im September (2008, 2011…), in den Jahren dazwischen wird ein Bierfestival abgehalten.

Dienst voor Toerisme: 8970 Poperinge, Stadhuis, Tel. 057/34 66 76, www.poperinge.be

`t Belfort: Grote Markt 29, Tel. 057/33 88 88, www.hotelbelfort.be, DZ 85 €.
Hotel mit Brasserie, Fahrradverleih.

d'Hommelkeete: Hoge Noenweg 3, Tel. 057/33 43 65, So und Mi abend, Mo geschl., Hauptgerichte um 30 €. Feine französische Küche, Spezialität: Gerichte mit Hopfensprossen.
Café de la Paix: Grote Markt 20. Mehr als 100 Biersorten, dazu als herzhaften Snack lokale Spezialitäten wie *hennepot* (Huhn, Kaninchen und Kalbfleisch in Aspik), ›Bier des Monats‹.

Zug: Verbindung Ieper–Poperinge zweimal stündlich.

Ziele in der Umgebung

Die **Rondje Zuid-Westhoek,** eine gelb beschilderte Autotour, führt durch die Hopfenfelder in der Umgebung Poperinges.

12

Highlight

Veurne (A 5)

Knapp 10 km hinter der betriebsamen Küste liegt das beschaulich-altmodische Städtchen Veurne mit knapp 12 000 Einwohnern. Elegante Häuser mit Treppengiebeln und einer Muschel über dem oberen Fenster umrahmen den Marktplatz. Und ein Stadtbummel scheint den Besucher in eine Zeit zurückzuversetzen, in der das Leben einen langsameren Schritt anschlug. Ein schönes Tagesziel, wenn man genug gebadet und sich gesonnt hat.

Sehenswert

Stadhuis:
Führung tgl. 11, 14, 15 und 16.30 Uhr. Das Renaissance-Rathaus stammt aus dem 17. Jh., der Blütezeit Veurnes. Im Inneren prächtige Säle mit Tapeten aus Leder und Seide. Das über Eck anschließende Gerichtsgebäude, einst Rathaus für die Landbezirke um Veurne, wird vom Cäcilienturm, einem Belfried mit barocker Haube, überragt.
Spaans Paviljoen: Der festungsartige Bau aus dem 15. Jh. diente im 17. Jh. den spanischen Besatzungsoffizieren als Residenz.
Sint-Walburgakerk: Als ehrgeiziges Projekt begonnen, scheiterten die hochfliegenden Pläne. Von einer gewaltigen gotischen Kirche wurde nur der Chor fertiggestellt.
Sint-Niklaskerk: 16. Juni–15. Sept. tgl. 10–11.45, 14–17.15 Uhr.
Ein stattlicher Bau mit hohem Turm und Glockenspiel, von dem man einen schönen Blick über das Land genießt.
Internationales Bäckereimuseum:
Albert I-laan 2,
www.bakkerijmuseum.be,
April–Sept. Mo–Do 10–17 Uhr, Sa, So, Fei 14–17 Uhr; Juli, Aug auch Fr, 4 €.
Backöfen und Gerätschaften zur Herstellung von Brot, Kuchen und Eis in altem Wirtshaus.

Süßes aus Veurne

In Veurne kann man wunderbare Süßigkeiten kaufen, allen voran die *Veurnsche Babelutten* (Karamellbonbons), z. B. bei Dedrie, Nieuwstraat Ecke Boterschaalstraat (*Kletskoppen,* hauchzarte Mandelplätzchen) oder bei Verdonck, Grote Markt 11 (hausgemachte Pralinen).

Einkaufen

Markttag: Mittwoch

Feste & Unterhaltung

Bußprozession: Am letzten Sonntag im Juli ziehen mehrere hundert Büßer in braunen Kutten und mit schweren Kreuzen auf der Schulter, durch die Stadt. Das schwerste Kreuz – 40 Kilo! – trägt der Christusdarsteller. Außerdem lebende Bilder mit Szenen aus der Bibel. Tribünenplätze können bis zu 2 Tage vorher beim Tourismusbüro reserviert werden.

Anno 1900: 15. August, Gruppen in historischen Kostümen lassen das Leben um die vorige Jahrhundertwende wieder erstehen.

Dienst voor Toerisme: 8630 Veurne, Grote Markt 29, Tel. 058/33 05 31, Fax 33 05 96, www.veurne.be, tgl. 10–12, 13.30–17.30 Uhr.

`t Park: Zwarte Nonnenstraat 15. Tearoom mit Galerie am Park hinter der Walburgakirche, sehr gutes, immer frisches Gebäck.

Grill de Vette Os: Zuidstraat 1, Do geschl., Hauptgerichte 9–17 €. Grillgerichte, Scampi, Muscheln in einem der schönen Giebelhäuser beim Marktplatz.

Onder den Toren: Sint Niklasplein 1, Tel. 058/31 65 66, Mo abend, Di geschl., Hauptgerichte um 20 €, Menü 50–60 €. Kleines Lokal direkt hinter dem Turm der Niklaskirche, wechselnde Monatsmenüs inklusive Aperitiv mit *hapjes* und Getränken.

Zug: Veurne liegt an der Bahnstrecke Gent–De Panne, Verbindung zweimal pro Stunde.

Ziele in der Umgebung

In **Izenberge,** ca. 12 km von Veurne Richtung Ieper, zeigt das **Freilichtmuseum Bachten de Kupe** die Lebensbedingungen der Bauern in alten Zeiten (tgl. 10–18 Uhr, 5 €, s. S. 91, www.bachtendekupe.net).

Das **Tabakmuseum** in **Wervik** in einer Windmühle informiert über alle Phasen der Produktion (März–Okt. Di, Mi, Do 9–12, 14–18 Uhr, Fr, Sa 9–13 Uhr, So 10–12, 14–18 Uhr, 3 €, www.nationaaltabaksmuseum.be).

Zeebrugge (E 2/3)

Brügges Vorposten am Meer (4400 Einwohner) ist vornehmlich Fischerei-, Container- und Fährhafen, wenngleich es auch einen Strand gibt für alle, die ihren Urlaub so nah wie möglich am frisch gefangenen Fisch verbringen oder den täglichen Spaziergang auf der 2,5 km langen Hafenmole nicht missen möchte.

Sehenswert

Seafront: Vismijnstraat 7, Tel. 050/55 14 15, tgl. 10–18 Uhr, Juli, Aug. bis 19 Uhr, 10/8,50 €. Maritimer Themenpark im Gebäude der ehemaligen Fischauktion mit einer interaktiven Ausstellung zum Thema Meer, außerdem Besichtigung eines 92 m langen sowjetischen U-Boots.

Sport & Freizeit

Hafenrundfahrt: Juli–Sept. (mit dem Bus) zweimal tgl. vom Fischereihafen aus (Mai, Juni nur Sa, So).

Feste & Unterhaltung

Sandskulpturen-Festival: Mitte Aug. bis Mitte Sept., ›Sandkünstler‹ aus aller Welt bauen an einer riesigen Skulptur mit jährlich wechselndem Thema. Dabei benutzen sie keineswegs den überall vorhandenen Strandsand, sondern eine eigens angelieferte Sorte, bei der die einzelnen Körner nicht rundgeschliffen, sondern eckig sind.

Für Zeebrugge ist das Verkehrsamt von Brügge zuständig (s. S. 62), während der Saison hat das **Infokantoor Zeebrugge** geöffnet: Zeedijk, Tel. 050/54 50 42, www.brugge.be/zeebrugge

Maison Vandamme: Tijdokstraat 9, Tel. 050/55 13 51, Di, Mi geschl., Menü 70 €, Hauptgerichte 40–80 €. Der Blick über den Fischereihafen verrät: Hier gibt es besten Fisch – in interessanten Kombinationen wie Jakobsmuscheln mit Blutwurst und Sauerkraut, außerdem viele Sorten Kaviar.

Molentje: Baron de Maerelaan 211, Tel. 050/54 61 64, So, Mi abend geschl., Menü um 60 €.
Eines der besten (und auch teuersten) Restaurants an der Küste (2 Sterne).

Zeebrugge ist Haltestelle der **Küstenstraßenbahn**.

Hafenrundfahrt

Der Hafen von Zeebrugge ist ein bedeutender Fracht- und Fährhafen. Eine Hafenrundfahrt vermittelt interessante Einblicke in Größe und Funktionsweise der Anlage. Die Rundfahrt (1.30 Std.) wird nur in den Ferienmonaten angeboten: euroline, Vismijnstraat 11, Tel. 0475/20 94 52, www.euro-line.be. Abfahrten Juli/Aug. tgl. 14 und 16 Uhr, August auch 11 Uhr, Mai, Juni, Sept. nur Sa, So, Osterferien: Auch Do, Fr.

Im Hafen von Zeebrugge

Extra-

Fünf Extra-Touren in Antwerpen, Ost- und Westflandern

1. Autofahrt durch den Hafen von Antwerpen
2. Mon plat pays... – Radtour Brügge – Damme – Sluis

Alle Touren sind auf dem großen Faltplan eingezeichnet

Touren

3. Mit der Straßenbahn die Küste entlang
4. Bachten de Kupe – Durch die Polderlandschaft Westflanderns
5. Hohe Türme, helle Glocken – die schönsten Belfriede in Flandern

Tour 1

Eindrucksvoll: Eine Tour durch den Hafen von Antwerpen

Autofahrt durch den Hafen von Antwerpen

Eine Rundfahrt durch den zweitgrößten Binnenhafen Europas kann auch aus der Perspektive der Landratte interessant sein. Hunderte von Straßenkilometern verbinden die riesigen Hafenbecken *(doks)* mit über tausend *kaais* untereinander.

Die historischen Wurzeln

Die Tour beginnt bei den historischen Wurzeln des Hafens, am **Steen,** und folgt der Kaistraße nach Norden. Hier, wo heute fast nur noch Rundfahrtboote ankern, legten bis ins 18. Jh. die Frachtschiffe an. Um nicht länger von den schwankenden Wasserständen der Schelde behindert zu werden – die Mündung befindet sich nur 90 km weiter nördlich und die Gezeiten sind bis weit ins Land hinein spürbar – wurde ab dem 19. Jh. rechts und links der Schelde ein System riesiger Becken erbaut, in denen die Lade- und Löscharbeiten ungestört vonstatten gehen können. Das älteste dieser Becken ist das **Bonapartedok,** 1810 begonnen, heute eine Dependance des Schifffahrtsmuseums mit einem alten Feuerschiff und einem Museumsschiff.

Von der Brücke über das **Kattendijkdok** kann man noch einmal einen Blick über die hier 500 m breite Schelde werfen, dann, gleich nach der **Royersschleuse** beginnt die Welt der Industrie- und Raffinierieanlagen, der Getreidesilos und riesigen Kräne.

Öltanks und Chemieanlagen

Das **Vijvde Havendok** (Fünftes Hafenbecken; auf dem Oosterweelsteenweg nach rechts und gleich links in den Zwarteweg) steht ganz im Zeichen von Chemie und Petrochemie, die Namen von Fina Chemicals, Amoco Fina und Hessenatie stehen auf den Silos, Öltanks und Anlagen. Landmarken sind die beiden ›Eiffeltürme‹, gewaltige Hochspannungsmasten.

Am Ende des Industriedok weist ein altes Rundfahrt-Schild nach rechts Richtung **Marshalldok** mit einem bizarren Wald von Röhren und Türmen. Leider ist die Petroleumbrücke dauerhaft gesperrt, sodass höchstens ein Abstecher zur alten Kneipe **Spek en Eieren** möglich wäre, der einstigen Kantine der Hafenarbeiter. Man fährt daher weiter die Scheldelaan entlang, vorbei an einer kleinen Bungalowsiedlung mit Gärten, die direkt im Schatten der Raffinerieanlagen steht. Einen kurzen Halt gibt es womöglich an der **Van Cauwelaertsschleuse** und der gleich folgenden **Boudewijnschleuse,** die alle Schiffe passieren müssen, die in den Hafen ein-

oder auslaufen. Als sie 1955 fertig gestellt wurde, war sie die größte Schleuse der Welt: 360 m lang, 45 m breit, 15,25 m tief.

Polderdorf und Kirchenschiff

Auf der anderen Seite erstreckt sich das riesige Gelände der Firma Bayer, die hier Kunststoffe produziert und weiterverschifft. Plötzlich taucht wie ein Gruß aus der Vergangenheit eine Windmühle (1745) mit dem poetischen Namen **De Einhoorn** auf. Das Dörfchen, zu dem sie einst gehörte, fiel zusammen mit anderen dem Hafenausbau zum Opfer. Als einziger blieb der der Ort **Lillo Fort** erhalten. Buckelige Gässchen, eine Kirche, der Dorfanger, Kneipen und ein kleines Poldermuseum: ein willkommener Ruhepunkt in dieser Welt der Schwerindustrie.

Um auf die Ostseite des Hafens zu kommen, fährt man ein Stück zurück und nimmt dann die Einfahrt in den **Frans-Tussmans-Tunnel** (nicht über die Lillobrug fahren!). Fahren Sie auf der anderen Seite sofort wieder ab und zurück Richtung Hafen und biegen Sie links in die Noorderlaan ein. Hier liegt, zwischen Schleppern und Schubverbänden, das **Kirchenschiff Sint-Josef** mit angeschlossener Kneipe. Das einstige Vorratsschiff der Deutschen Wehrmacht ging nach dem Zweiten Weltkrieg an die Hafenmission, die es für die seelische und leibliche Erquickung der Seeleute einrichtete.

Autos und Südfrüchte

Es geht weiter bis zur Ordamstraat, die um die Werksanlage von **Opel Belgium** herumführt. Stahl, Holz, Papier und Getreide werden hier gelagert und verschifft. Und in der Nähe des kleinen **Graandock** liegt der unverkennbare Geruch der Mälzerei Sobelgra in der Luft. Über die Straßen Treurenburg, Zomerweg, Watergang, Zandvoort, Stralsundweg, Rostockweg (links) und Henry Fordlaan erreicht man den Bauch des Hafens: Lagerhäuser für Obst und Südfrüchte belegen, dass in Antwerpen ein großer Teil der Früchte umgeschlagen wird, die in Europa auf den Tisch kommen.

Die Vosseschijnstraat führt schließlich wieder Richtung Stadt: Es geht über die **Straatsburgbrücke,** gleich links in die Mexicostraat und die gleichnamige Brücke, dann schließlich rechts in die Londenstraat – und schon ist die Kaistraße wieder erreicht.

Tour-Info

Länge: Die Route ist ca. 40 km lang und gut ausgeschildert (sechseckige blau-weiße Schilder mit Pfeil und Aufschrift ›Havenroute‹). Man sollte für die Fahrt 2–3 Std. einrechnen, um wirklich genügend Zeit zu haben, alles anzuschauen.
Tipp: Es ist angenehmer, die Strecke am Wochenende abzufahren, da dann der Zubringer- und Frachtverkehr im Hafengelände nicht so stark ist.
Anhalten: Möglichst nur auf einem Parkstreifen oder in einer Parkbucht anhalten. Das Betreten des Hafengeländes außerhalb der Straße und öffentlichen Wegen ist verboten.
Poldermuseum: Ostern bis 1. Nov. Sa, So, Fei 12–18 Uhr
Information: Bei der Tourist Information Antwerpen gibt es eine ausführliche Broschüre mit einer Beschreibung der gesamten Route und einem Plan, z. Zt. allerdings nur auf Niederländisch.

Tour 2

Immer am Kanal entlang: Zwischen Damme und Sluis

Radtour Brügge – Damme – Sluis

Flach das ganze Land. Wohin man auch schaut, brettebene grüne Wiesen, mit Buschwerk und Weiden besetzt, von Kühen bevölkert. »Mon plat pays« hat Jacques Brel gesungen, ›Mein plattes Land‹, und man kann ihm nur zustimmen. Also aufs Rad geschwungen und hinaus aus der mittelalterlichen Stadt ins grüne Polderland hinter der Küste. Fahrräder kann man in Brügge fast an jeder Ecke leihen, und die breiten, wenig befahrenen oder ganz für den Autoverkehr gesperrten Wege sind für eine Radtour ideal. Freilich, eine Erfahrung wird jeder machen: Der Wind bläst dem Radfahrer immer ins Gesicht, egal, in welche Richtung er fährt.

Von Brügge nach Damme

In **Brügge** (s. S. 57) fährt man entlang der Potterierei oder Lange Rei immer nach Norden bis zur Dampoort, vorbei am Kloster Onze-Liewe-Vrouw-ter-Duinen. Gleich außerhalb der Stadt beginnt der Kanal, der sein Ziel schon im Namen trägt: **Damsevaart.** Er wurde unter Napoleon gegraben, der damit eine Binnenverbindung zwischen seinen Kriegshäfen Duinkerke und Antwerpen herstellen wollte. Allerdings dauerten die Arbeiten länger als die Herrschaft des Kaisers, weiter als bis Sluis ist der Kanal nie gediehen.

Etwa 7 km sind es bis **Damme** (s. S. 65). In die Stadt hinein führt ein kleiner Abstecher nach rechts, das schöne Rathaus und die mächtige Liebfrauenkirche kann man sich freilich auch für den Rückweg aufsparen.

Noch Holland

Etwa 2 km nach Damme kreuzt der **Kanaal van Schipdok,** der von Gent nach Zeebrugge führt. Diese Kreuzung zweier Kanäle, nicht ungewöhnlich in einem Land mit so vielen künstlichen Wasserläufen, heißt ›Siphon‹, nach den Rohren, in denen einst die Kanäle untereinander geführt wurden. Allerdings wurde diese Kreuzung im Zweiten Weltkrieg zerstört, sodass die Damse Vaart bis heute unterbrochen ist.

Wir überqueren sie auf einer Brücke und setzen unsere Fahrt dann unter den mächtigen Bäumen fort. Kleine Häuser stehen am Ufer, manchmal lockt eine Taverne mit Tischen und Sonnenschirmen vor der Tür. Bei **Hoeke** wechselt der Weg auf das andere Ufer, und plötzlich sind wir im Nachbarland Holland. Es empfängt mit dem hübsch herausgeputzten Städtchen **Sluis.** Auch Sluis profitierte vom Niedergang Brügges und der Versandung des Zwin. Als selbst Damme von den Handelsschiffen nicht mehr erreicht werden konnte, wurde hier der neue Außenhafen für Brügge angelegt. Die kurze Zeit der Bedeutung hat immerhin für einen – für Holland untypischen – Belfried gesorgt.

Der Kanal endet hier; wir folgen nun der Ausschilderung nach Cadzand, die uns bald von der breiten Straße wegführt. Wir biegen links ab und folgen einem Wasserlauf bis **Retranchement.** Der Name des Ortes bezeichnet schon seine wichtigste Sehenswürdigkeit: Den Festungswall, der im 17. Jh. angelegt wurde. Aus dieser Zeit stammen auch die Mühle am Marktplatz und die Kirche.

Ans Meer

Cadzand-Bad ist ein angenehmes Kontrastprogramm zur teilweise sehr zugebauten belgischen Küste. Am breiten weißen Sandstrand ist sicherlich eine ausgedehnte Pause fällig.

Der Weiterweg führt ein gutes Stück durch das Seeländische Polderland, saftig grünes Schwemmland, das die Menschen im Lauf vieler Jahrhunderte dem Meer abgerungen haben. Über das mittelalterliche Runddorf **Cadzand-Dorp** – eines der ältesten in Zeeland – geht es auf der Landstraße, vorbei an einer Windmühle, über Zuidzande bis **Oostburg**. Dort auf der N 58 etwa 500 m nach rechts, dann in der Rechtskurve auf einer schmalen Straße geradeaus weiter nach **Sint-Margriete** – zurück auf belgischen Boden. Man folgt der Richtung Eeklo, gelangt bei **Sint- Laurens** an den **Leopoldkanaal,** fährt ein Stück nach rechts an ihm entlang und nimmt dann die Straße, die direkt an der Grenze entlang – über die N 251 hinweg – bis **Eede** führt. Dies ist ein weiteres dieser sauberen Polderdörfer mit den weiß getünchten Häusern. Sie scheinen sorgsam darauf bedacht zu sein, dass nur ja nichts ab- oder übersteht, woran der Sturm reißen könnte: Das Dach schließt dicht mit den Mauern ab , die Fensterläden schließen gut, die Kamine stehen nicht frei auf dem Dach, sondern an den Giebelmauern.

Von Middelburg nach Brügge

In **Middelburg** biegt man links ab, unterquert die Autobahn und hält auf den **Kanaal van Schipdonk** zu, einen Doppelkanal, der sich aus dem Leopoldkanaal und einem von der Leie ableitenden Kanal zusammensetzt. Die Baumreihen, die ihn säumen, sieht man schon von ferne. Man überquert ihn und folgt der Straße, die links vom Kanal wegführt. Die Schilder der ›Riante Polderroute‹ führen geradewegs wieder nach **Damme,** und die letzten 7 km nach **Brügge** schafft man dann in einem Rutsch.

Tour-Info

Länge: 77 km: Brügge – Damme (7 km) –Sluis (17 km) – Cadzand-Bad (26 km) – Oostburg (36 km) – Eede (56 km) – St. Rita (62 km) – Damme (70 km) – Brügge (77 km)
Abkürzungsmöglichkeit: Mit der ›Lamme Godzak‹ nach Damme und die Tour dort beginnen (s. S. 65)
Dauer: 5–6 Std.
Einkehrmöglichkeiten: Damme (Restaurants und Tavernen um den Marktplatz); Sluis (Cafés am Marktplatz und in den Seitenstraßen).
Fahrradverleih: Am Bahnhof Brügge (s. S. 60) sind Fahrräder mit 5-Gang-Schaltung erhältlich.

Tour 3

Vom Zug direkt aufs Schiff: Oostendes Seebahnhof

Mit der Straßenbahn die Küste entlang

67 km Sandstrand, 13 Seebäder, Dünenlandschaften und Wäldchen – das verheißt nicht nur Badefreuden, sondern auch Stau und nervtötende Parkplatzsuche. Deshalb steigt man am besten in die Straßenbahn und lässt sich gemütlich von Ort zu Ort schaukeln.

Die ›Westküste‹

Die Fahrt beginnt am Bahnhof von **De Panne** (s. S. 68). Hier erstreckt sich der breiteste Strand der belgischen Küste: 400 m vom Wasser zur Promenade, ideal zum Strandsegeln. Soviel Sand gibt es rund um De Panne, dass man die flache Stelle zwischen den beiden Dünengürteln sogar etwas großspurig ›Sahara‹ nennt. Und das Naturreservat Westhoek, das sich bis Frankreich hineinzieht, ist die größte Dünenformation der Küste, ein Drittel des belgischen Dünenbestandes befindet sich hier.

Der Nachbarort **Koksijde** (s. S. 84) rühmt sich dafür der höchsten Düne der Küste. Doch die Dünen bleiben nicht stehen, sondern wandern immer weiter. Auf ihrem Weg begruben sie auch das, was im 16. Jh. von der blühenden Zisterzienserabtei Unsere Liebe Frau in den Dünen übrig geblieben war, nachdem sie von den Bilderstürmern geplündert und verwüstet worden war. Ausgrabungen lassen noch heute Größe und Wohlhabenheit des Klosters ahnen.

Oostduinkerke ist der letzte Ort, an dem man noch sehen kann, wie die Krabbenfischerei einst betrieben wurde: Fischer in gelbem Ölzeug reiten auf den berühmten belgischen Kaltblütern geradewegs ins Meer hinein. Stoisch stapfen die stämmigen Pferde bis zur Brust ins kalte Wasser und ziehen große Schleppnetze hinter sich her – ein Stück aufrecht erhaltene Tradition, die viele Schaulustige anzieht.

In **Nieuwpoort** (s. S. 94) macht die Straßenbahn eine kleine Schleife um die Schleusenanlage Ganzenpoot (›Gänsefuß‹) herum, in der sechs Kanäle aufeinandertreffen, um dann gemeinsam ins Meer zu münden. Die Schleuse verhindert einerseits, dass das Wasser, das aus den tiefer gelegenen Poldern gepumpt wird, bei Flut wieder zurückdrängt, und sorgt andererseits für den reibungslosen Ablauf der Kanalschifffahrt.

Die **Domein Raversijde** erinnert daran, dass die heitere Bade-Idylle der belgischen Küste im 20. Jh. zweimal brutal unterbrochen wurde. In beiden Weltkriegen wurde Belgien innerhalb weniger Tage von der Deutschen Wehrmacht überrollt und zerrieben. In die Dünen der belgischen Küste baute sie einen Abschnitt des ›Atlantikwalls‹ hinein, ein System von Schützengräben, Befestigungen und Bunkern, die zum Teil bis heute bestehen. So viele Bomben und Granaten wurden von den Alliierten abgeworfen, dass noch jahrzehntelang fast jede Woche alte, halb verrostete Minen oder Bomben gefunden wurden. In der Domäne befindet sich auch ein Museum, das an den Prinzregenten Karel erinnert, der Belgien von 1944–1950 regierte, der Zeit, in der der damals amtierende König Leopold III. wegen seiner uneindeutigen Haltung den Deutschen Besatzern gegenüber so umstritten war, dass er schließlich abtreten musste.

In **Oostende** (s. S. 96) fällt die Wahl schwer. Zum Mitfiebern und Wetten auf die Wellington-Rennbahn, wo mehrmals pro Woche Rennen stattfinden? Oder zum Shoppen in die Einkaufsstraßen rund um den Marie-Joséplein? Oder zum Schauen und Flanieren auf den Visserkaai beim Bahnhof, wo der große Dreimaster Mercator die Sehnsucht nach dem offenen Meer weckt und die Fischrestaurants Köstlichkeiten auftischen?

Die ›Ostküste‹

Die berühmteste Attraktion von **De Haan** (s. S. 66) kann man aus der Bahn betrachten: Die alte *tramstation* in dem verspielten ›Belle-époque-stijl‹, der diesem Ort die sommerlich-heitere Atmosphäre schenkt. Die Aufschrift – Coq-sur-Mer – ist eine letzte Spur der gleichnamigen Aktiengesellschaft, die in den 1890er das brachliegende Gebiet erwarb und darauf eine Badeort im ›normannischen Stil‹ errichtete: Häuser mit hölzernen Giebeln und weiß lackierten Veranden.

In **Blankenberge** (s. S. 53) ist man gut beraten, dem rummeligen *zeedijk* einmal den Rücken zu kehren und das Städtchen zu erkunden. Die Blankenberger waren übrigens die ersten, die sich dem Tourismus verschrieben: Schon 1839 wurden auf den breiten Strand die ersten Badekarren gezogen, aus denen sich dann die Wagemutigen vorsichtig ins Wasser gleiten ließen.

Langsam wird es Zeit für eine stilvolle Abendunterhaltung. Was liegt näher als das Casino von **Knokke** (s. S. 81) mit den luxuriös ausgestatteten Sälen und Foyers. Der Magritte-Saal wurde rundum nach Motiven des großen Meisters des Surrealen ausgemalt – das Glück des Spielers gehorcht nämlich nicht den Gesetzen der realen Welt.

Tour-Info

Länge, Dauer: Für die Strecke rechnet man am besten einen ganzen Tag ein, wenn man vorhat, in den jeweiligen Ortszentren auszusteigen und herumzubummeln. Da die Bahnen in der Saison tagsüber im Abstand von 15 Minuten fahren, kann man die Planung vollkommen flexibel halten und die Tour nach Belieben unterbrechen oder abbrechen. Nonstop dauert die Fahrt von der französischen zur holländischen Grenze knapp zweieinhalb Stunden: 70 Haltestellen.

Fahrkarten gibt es in den Stationshäuschen in den Ortszentren oder beim Fahrer. Der Fahrpreis für eine Einzelkarte bemisst sich nach der Länge der Strecke.

Tageskarte 6 €,
Dreitageskarte 12 €
(im Vorverkauf 5/10 €)

Informationen: www.delijn.be

Tour 4

Die St.-Karelsmühle im Feuchtgebiet de Moeren

Bachten de Kupe: Durch die Polderlandschaft Westflanderns

Das Land zwischen Ijzer und Nordsee heißt **Bachten de Kupe,** ›Hinter der Wanne‹. Diese ›Wanne‹, die unter dem Niveau des Meeresspiegels liegt, lief 1914 voll. Um den Vormarsch der Deutschen zu stoppen, wurden nämlich in Nieuwpoort die Schleusen der Kanäle geöffnet und das in Jahrhunderten dem Meer abgerungene Land versank in Schlamm und Morast. Die verlustreiche Strategie war wirkungsvoll: Während das nahe Ypern in einem jahrelangen Stellungskrieg zu Staub zerrieben wurde, blieb rund um Veurne ein kleines Stück Belgien unbesetzt.

Veurne und Diksmuide

In **Veurne** (s. S. 103) beginnt die ›Autoroute Bachten de Kupe‹ durch das heute wieder friedliche Bauernland. Das erste Schild findet sich am Marktplatz, es weist in die Boterweegschaalstraat.

Außerhalb der Stadt führt die Route eine Weile an der **Lovaart** entlang, einem Kanal, der bereits im 12. Jh. gebaut wurde und bis heute in Betrieb ist. Der erste Ort ist **Steenkerke,** und wirklich: Die Kirche ist aus Stein, der Turm stammt noch aus dem 12. Jh., als eine steinerne Kirche in so einem kleinen Dorf vielleicht noch keine Selbstverständlichkeit war.

In Kurven und Windungen geht es durch fettes Weideland mit fast weißen Kühen. An den Straßenkreuzungen stehen kleine Kapellen, Zeichen für den tiefen Katholizismus der Flamen, aus den Dörfern grüßen wuchtige gotische Kirchtürme wie etwa der von **Lampernisse.** Eine kleine Geländeschwelle erinnert an eine Naturkatastrophe im 11. Jh. Damals brach das Meer durch den Dünengürtel bei Nieuwpoort und setzte einen großen Teil des Landes unter Wasser. Erst Jahrzehnte später wurde es wieder trocken gelegt und heißt noch heute **Nieuwland,** Neuland.

Diksmuide (s. S. 70) nähert man sich von seiner schönsten Seite. Am Kanal liegen Hausboote, Angler sitzen unter grünen Schirmen und hoffen auf ein Abendessen. Wer einen Abstecher ins Zentrum macht, findet sich auf einem hübschen Marktplatz wieder, auf dem viele Terrassencafés zu einer Pause einladen.

Cäsars Eibe

Das winzige Städtchen **Lo** erwarb durch den Handel mit Käse und Tuch einen gediegenen Wohlstand; das stattliche Renaissance-Rathaus auf dem Marktplatz, der von einem grünen Anger mit

Löschteich begrenzt wird, beweist es. Das erhaltene westliche Stadttor macht nicht viel her, die alte Eibe daneben überragt es fast. An eben diesem Baum übrigens soll kein anderer als als Julius Caesar auf seinem Feldzug gegen England sein Pferd angebunden haben. In der Tat können Eiben sehr alt werden ... Bemerkenswert ist auch der achteckige Taubenturm mit 1312 Fluglöchern.

Schlossherren und Bauern

Nördlich von Lo erheben sich einige Hügel, freilich nur bis zu 15 m hoch – in dem platten Land schon eine Sensation. Es geht wieder die Lovaart entlang bis **Alveringem,** wo in der alten Mälzerei und Brauerei De Snoek ein Museum für der Belgier liebstes Getränk eingerichtet ist. Die nächste Station ist das **Schloss Beauvoorde.** Es wurde im 16. Jh. erbaut, im 19. Jh. sorgfältig restauriert und kann jeden Nachmittag besichtigt werden. Zusammen mit der Liebfrauen-Himmelfahrt-Kirche und dem barocken Pfarrhaus bildet es ein romantisches Ensemble. Zeigt das Schloss, wie die Herrschaften einst wohnten, so dokumentiert das **Freilichtmuseum Bachten de Kupe** in **Izenberge,** wie das einfache Volk lebte und arbeitete. **Beveren** ist stolz auf seine Brouck-Mühle auf einem Hügel, von dem aus man einen schönen Blick auf den Lauf der Ijzer genießt.

Französisch-Flandern

Über **Leisele** mit einer weiteren Mühle geht es ein Stück über die Grenze, nach Französisch-Flandern. **Hondschoote** heißt der erste Ort dieser Gegend, die bis zu Napoleons Feldzügen zu den südlichen Niederlanden gehörte. Kirche und Tuchhalle – in Hondschoote wurde *Saai,* ein billiger Wollstoff, hergestellt – tragen unverkennbar die Merkmale der flämischen Gotik. Über Houtem geht es in das Gebiet **de Moeren,** ein Moorland, in dem seit dem 12. Jh. Torf gestochen wurde. Um es trocken zu legen, ließ der Baumeister Wenzel Cobergher im 17. Jh. einen kreisförmigen Entwässerungsgraben *(Ringsloot)* anlegen und 22 Windmühlen bauen, die das Wasser abpumpten. Eine der schönsten ist die **Sint-Karelsmolen.**

Jenseits der Autobahn E 40 liegen links die **Cabour-Dünen,** die ältesten Sandanschüttungen der gesamten belgischen Küste, etwa 5000 Jahre alt. Durch den bewaldeten Dünenabschnitt **Calmeynbos** erreicht man **De Panne** und **Koksijde** und kehrt zurück nach **Veurne.**

Tour-Info

Länge & Dauer: Für die 94 km sollte man einen ganzen Tag einplanen, um Zeit zu haben, auch durch die Städtchen zu bummeln.
Ausschilderung: Die Route ist gut mit sechseckigen Schildern markiert, die an allen Abzweigungen rechtzeitig auf Rechts- oder Linksabbiegen hinweisen.
Brauerei de Snoek: Alveringem, Mi–Fr 14–17 Uhr, Sa, So 10.30–17 Uhr, 2,50/1,50 €.
Schloss Beauvoorde: Do–So 14–17.30 Uhr
Freilichtmuseum Bachten de Kupe: Izenberge, Mo–Fr 13–17 Uhr, April –15. Nov. auch Sa, So 14–18 Uhr, 3,50/2 €.
Einkehrmöglichkeiten: Veurne, Diksmuide, Lo, Hondschoote, De Panne.

Tour 5

Den Belfried von Gent sieht man schon von Weitem

Hohe Türme, helle Glocken – die schönsten Belfriede Flanderns

In jeder flämischen Stadt ragt ein Turm aus dem Gewirr der Häuser, der oft sogar die höchsten Kirchtürme überragt. Nicht dem Lobe Gottes ist dieser Belfried gewidmet, sondern dem des freien Handels und selbstbewussten Bürgers; er krönt die Tuchhalle oder das Rathaus. In diesem Turm tagte der Rat, die wichtigen Dokumente wurden hier aufbewahrt, im Keller befand sich der Kerker und ganz oben stand ein Wächter, der Feuer oder Feind zu melden hatte. Der Belfried musste aber nicht nur gut befestigt sein, sondern auch repräsentativ, denn er stand nicht nur mit dem höchsten Kirchturm im Wettstreit, sondern auch mit den Türmen der Konkurrenzstädte. Besonders Brügge und Gent, Erzrivalen über Jahrhunderte, lieferten sich geradezu einen Wettkampf um den größten, schönsten, höchsten.

1999 wurden 30 belgische Belfriede zum Weltkulturerbe ernannt: als außergewöhnliche Beispiele städtischer Architektur, die die politische und geistige Strömung ihrer Zeit reflektieren, Symbole der Unabhängigkeit der Städte von feudaler Herrschaft und Landmarken des Mittelalters.

Die Prächtigen: Gent und Brügge

Gent (s. S. 72) ist stolz auf den höchsten Belfried des Landes. 95 m misst er, ein Koloss, der seine Masse mit Grazie zu kaschieren weiß. An der Spitze dreht sich ein goldener Drache im Wind – er zeigt an, dass mit den Gentern nicht zu spaßen war, wenn es um ihre Selbstständigkeit ging. 80 Jahre, von 1300 bis1380, dauerte der Bau, doch die steinerne Turmspitze konnten sich die Genter erst Anfang des 20. Jh. leisten.

Zwölf Meter niedriger, aber um einiges eleganter ist der Belfried von **Brügge** (s. S. 57). Mächtig wächst er aus der Tuchhalle heraus, wird immer schlanker und zierlicher, vollendet sich schließlich als achteckiges Türmchen mit kunstvoller Balustrade. Auf dem Weg nach oben passiert man das Glockenspiel, das zu fast jeder belgischen Stadt gehört (s. S. 93). Einst waren die Glocken nur eine Art kollektives Zeitzeichen. Im Lauf der Jahrzehnte ertönten immer schönere Melodien. Ende des 15. Jh. wurde das erste Glockenspiel gebaut, dessen Klöppel über eine Art Tastatur mit den Fäusten bewegt werden konnten. Auf dem Weg nach oben kommt man auch an der Schatzkammer vorbei, in der einst die wichtigsten Urkunden der Stadt gehütet wurden.

Beschaulich: Veurne

Veurnes Belfried (s. S. 103) gehört zu den jüngeren im Lande, er entstand erst Anfang des 17. Jh. und trägt den schönen Namen Cäcilienturm. Mit der barocken Bekrönung, die über der Haube noch ein Laternchen und noch ein Laternchen und schließlich noch ein kleines Zwiebelchen trägt, als hätte der Baumeister kein Ende finden wollen, sieht er weniger ernst aus als seine Kollegen in den großen Städten

Auferstanden aus Ruinen: Diksmuide und Ieper

Für sein schönes Glockenspiel ist **Diksmuide** (s. S. 70) bekannt. Mehrmals pro Woche schweben die Klänge eines veritalen Konzerts durch die Gässchen des nach dem Ersten Weltkrieg vollkommen restaurierten Städtchens, bis hinüber zum Beginenhof. Auch den Belfried hat man wieder aufgebaut, in neogotischen Formen, ihn dabei aber genau so unvollendet gelassen wie vor der Zerstörung. Wie eine zu enge Mütze sitzt die barocke Kuppel auf dem wehrhaften Viereckturm.

Nicht so in **Ieper** (s. S. 80). Die Tuchhalle sprengt alle Dimensionen. 132 m lang, ernst und grau, unzählige Figuren in den Nischen der Fassade – dieser frühgotische (doch nach 1918 rekonstruierte) Bau zählt zu den größten Profanbauten des Mittelalters. Aus seiner Mitte erhebt sich massig, doch wohl proportioniert, der viereckige Turm mit vier Ecktürmchen. 49 Glocken hängen darin, und an seiner Spitze dreht sich, wie in Gent, ein goldener Drachen. Wer genau sucht, der findet noch ein anderes goldenes Figürchen: einen Mann in mittelalterlicher Kleidung, der eine sich verzweifelt windende Katze gepackt hält: eine Erinnerung an den traditionellen Katzenwurf.

Klein, aber fein: Kortrijk und Oudenaarde

Der Belfried von **Kortrijk** (s. S. 87) nimmt eine Sonderstellung ein, denn er steht ganz allein mitten auf dem Großen Platz. Die Tuchhalle, die einst seinen Unterbau bildete, ist längst abgebrochen. Zwei vergoldete Figuren sind für die Zeitansage verantwortlich: Kalle schlägt die vollen Stunden an, seine Frau Manten die halben. Über allem thront Merkur, der Gott des Handels.

Der letzte Belfried dieser Route ist der kleinste: Er ragt gerade einmal drei Geschosse über das Rathaus von **Oudenaarde** (s. S. 101.) hinaus. Doch was für eine Pracht und Anmut entfaltet sich hier! Wie eine kostbare Elfenbeinschatulle steht der Bau auf dem Marktplatz, und das achteckige Türmchen sitzt wie eine Krone darauf. Auf seiner Spitze steht Hanske de Krijger und wacht gewissenhaft über die kleine Provinzstadt.

Tour-Info

Dauer und Länge: Für die etwa 200 km lange Besichtigungstour sollte man 2 bis 3 Tage einplanen. Programm für eine Wochenendtour:
Freitag: Ankunft in Gent, Stadtbummel, Abendessen im Patersholviertel.
Samstag: Weiterfahrt nach Brügge (längeren Aufenthalt für ein anderes Mal planen), Bummel über Markt und Burgplatz, weiter nach Veurne, Einkehr am Marktplatz, weiter nach Diksmuide, Abendspaziergang am Ufer der Ijzer.
Sonntag: Ieper, Kortrijk und Oudenaarde. Von dort zurück nach Gent (ca. 30 km).

Register

Aalst 40
Adriaan-Brouwer-Fest 19, 102
Albert I., belg. König 94
Alveringem 115
Angeln 28
Anreise 34
Antwerpen 9, **40 ff.,** 108
Arzt 36
Auskunft 34
Auto fahren 14
Autorundfahrten 37
Axion Beach Rock 19

B&B 23
Bachten de Kupe 114
Baden 28
Behinderte 36
Bellewaerde Park 80
Beveren 115
Bier 25
Blankenberge **52 ff,** 113
Bootsausflüge 28
Boule 30
Bredene 55
Brügge 8, **57 ff.,** 110, 116
Bungalowparks 23
Bußprozession 19, 104

Cactusfestival 19
Cadzand 111
Camping 23
Cartoonfestival 19

Dahliade 20
Damme **65,** 110
Damsevaart 110
De Einhoorn 109
De Haan **66 f.,** 113
De Moeren 69, 115
De Panne **68 ff.,** 112
Deinze 89
Dendermonde 70
Deurle 89
Diksmuide **70 ff.,** 96, 114, 117
Diplomatische Vertretungen 35

Eede 111
Einreise 34
Entfernungen 15
Essenszeiten 14

Feiertage 18
Ferien auf dem Bauernhof 23
Ferienwohnungen 23
Feste 18
Festival van Vlaanderen 19
Festivals 18
Feuerwerkfestival 20
FKK 15, 56
Flämische Küche 24
Flandern 14
Flanders International Film Festival 20
Flohmärkte 14
Freilichtmuseum Bachten de Kupe 104, 115
Freizeitparks 29

Gästezimmer 23
Geld 35
Gent 8, **72 ff.,** 116
Gentse Feesten 19
Golf 28

Haazen, Jo 93
Hanswijk-Prozession 18, 94
Heilig-Blut-Prozession 18
Het Zwin 82
Hoeke 110
Hondschoote 115
Hoppelandroute 103
Hoteldatenbank 22
Hotels 22
Hunde 15

Ieper 10, **80 ff.,** 117
Izenberge 104

Jugendherbergen 23

Kanaal van Schipdonk 111
Karneval 18
Karten 15
Knokke **81 ff.,** 113
Koekelare 72
Koksijde 84
Kollwitz, Käthe 72
Kortrijk 10, **87 ff.,** 117

Lampernisse 114
Leiestreek 89
Leisele 115
Leopold I., belg. König 68
Leopoldkanaal 111
Lillo Fort 109
Lissewege 92
Lo 114
Lovaart 114

Mechelen 92 ff.
Middelburg 111
Mitbringsel 15

Naturschutzgebiete 29
Nieuwpoort **94 ff.,** 112
Notfall 35

Öffnungszeiten 36
Ooidonk, Schloss 90
Oostduinkerke 112
Oostende **96 ff.,** 113
Oudenaarde 10, **101 ff.,** 117

Petanque 30
Planckendael 94
Plantin, Christophe 9
Planwagenfahrten 30
Plopsaland 69
Pommes frites 24
Poperinge 102
Praalstoet van de Gouden Boom 20
Preise 16

Rad fahren 30
Rauchen 16
Reisekasse 16
Reisezeit 16
Reiten 30
Restaurantrechnung 16
Retranchement 111

Sandskulpturenfestival 20
Segeln 31
Sicherheit 16
Sint- Laurens 111
Sint-Martens-Latem 91
Sluis 110
Speedsail 31
Sprache 17
Sprachführer 32
Steenkerke 114
Strandsegeln 31
Strandseglerrennen 20
Straßenschilder 17
Telefonieren 36
Trammelant-Fest 20
Trinkgeld 17

Unterwegs in Flandern 37

van Eyck, Hubert und Jan 72
Van Maerlant, Jacob 65
Veurne **103 ff.,** 114, 117
Vladslo 72

Wandern 31
Wasserqualität 29
Wervik 104
Westhoek 68
Windsurfen 31

Ypern (s. Ieper)

Zeebrugge 104
Zeitungen 17
Zimmervermittlung 22

Bildnachweis/Impressum

Titelbild: Grote Markt in Antwerpen
vordere Umschlagklappe: Jachthafen und Seebahnhof in Oostende
Vignette: Belgisches Bier
S. 2/3: Beginenhof in Brügge
S. 4/5: Der ›Belleman‹ läutet die ›Gentse Feesten‹ ein
S. 38/39:Vrijdagmarkt in Gent
S. 106/107: Dünenlandschaft bei Nieuwpoort

Fotografen:
Freyer, Ralf (Freiburg): S. 4/5, 54, 100, 110
Hackenberg, Rainer (Köln): S. 2/3, 9, 12, 47, 79, 88, 90, 112, Umschlagrückseite (oben)
Thomas, Martin (Aachen): S. 1, 8, 14, 18, 24, 28, 38/39, 41, 50, 61, 63, 64, 66, 74, 83, 86, 105, 108, Umschlagrückseite (unten)
Sachs, Herby/VERSION (Köln): Titelbild
Tiburzy, Reinhard, Hauset (Belgien): Umschlagklappe vorn, S. 22, 30, 106/107, 114

Kartografie: DuMont Reisekartografie, Fürstenfeldbruck

Alle Angaben ohne Gewähr. Für Fehler können wir keine Haftung übernehmen.
Ihre Anregungen greifen wir gern auf – schnell und unkompliziert.
DuMont Reiseverlag, Postfach 3151, 73751 Ostfildern, E-Mail: info@dumontreise.de

3., aktualisierte Auflage 2009

Grafisches Konzept: Groschwitz, Hamburg
Druck: Rasch, Bramsche
Buchbinderische Verarbeitung: Bramscher Buchbinder Betriebe